図工科授業サポートBOOKS

# 小学1年担任のための図工指導

雁木君江 著

明治図書

## はじめに

　本書は，初めて小学校1年生の担任になる先生に向けて，図工を楽しく教えるコツを書いたものです。どのように授業を組み立てるのか。どうすれば教師も子どもも図工を楽しめるのか。そうした疑問にお答えすべく，私が少しずつ蓄積してきたノウハウやアイデアを紹介します。1年生はもちろん，2年生以上を受け持つ先生にも役立つ内容になっています。

　私は元小学校教員で，公立学校に38年勤め，主に1・2年生の担任をしていました。図工教育の経験を活かして，12年前には自身のYouTubeのチャンネルを開設し，図工にまつわる動画をアップロードするようになりました。授業で動画を使ってみたら，子どもだけでなく先生方にも「わかりやすい」と好評をいただき，「むしろ大人に見てもらうのがいいのか」と気づいたのがきっかけでした。

　知らない間に母親がYouTuberになっていた。その事実を何年も経ってから知った我が子には目を丸くされましたが，それでも誰かのお役に立てればいいなと，せっせと動画作りに励みました。コロナ禍でハンカチマスクがバズり，背中を押されて，現在では約1300本を公開するまでになりました。

　私の動画は"小学生にもできる"をコンセプトにしています。教えていると気づくのですが，小学生は，ちょっとした工夫で劇的に授業がやりやすくなったり，子どもの表情がいきいきしたりするのです。

　例えば，「えのぐとなかよし」では，「絵の具を出すのは米1粒」という一言で自然と出し過ぎを防げ，描くことに集中できるようになります。これだけで授業が変わります。知り合いの先生から「なんでもっと早く教えてくれなかったんですか！」と冗談まじりにお叱りを受けたくらいです。

　このように書くと「初めから授業ができた」と勘違いされるかもしれませ

んね。実際そのように言ってくださる先生もいらっしゃいますが，その度に心の中で「いや違うんです。むしろ逆です。私なんてひどいものだったんです」と恐縮してしまいます。数え切れないぐらい失敗して，落ち込んだこともしばしばです。「他のクラスはどうやって授業しているのかしら」なんて見に行く時間もありませんから，次の年もうまくいくはずはなく，の繰り返しでした。特に1年生の担任は，朝から帰るまで忙しく目の回る思いでした。

　身に覚えがあるからこそ，新しく1年生を担任される先生の気持ちはよくわかります。投稿したYouTubeは，毎年同じ時期に同じ動画がたくさん再生されます。みんな同じように困っていて，役立つ手引きを求めているのかもしれません。また，若い先生に「動画見ています。参考にしています」と声をかけていただくこともあり，困るところはいつの時代も変わらないものだなと感じます。

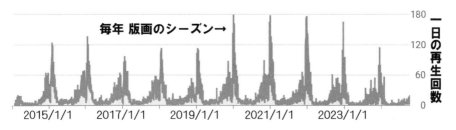

　子どもはトライ＆エラーから学んでいきます。教師も同じだと思います。私の場合「これではだめだ」の繰り返しでしたが，子どもたちと一緒に授業をやってみて「こうやったらできる」と実感したものも多くありました。

　そうした私の経験知を基にして，うまくいく図工授業のアイデアをこの本に詰め込みました。教師も子どもも夢中になれる，そんな楽しい授業づくりのお役に立てたなら幸いです。

## もくじ

はじめに　2

本書の「QRコード」について　7

### 1章　わくわくどきどき　1年生図工指導の超基本

〈基本〉
1　図工だけじゃない1年生の超基本 ……………………………… 10
2　フルネームが鍵　1年生のスタートダッシュ ……………………… 12
3　世界は線であふれている——毎日の意識が基本的技能を育む—— ………… 14
4　話す・聞くの双方向——話し手と聞き手をつなぐ—— ………………… 16
5　一方通行の導線——スムーズな流れを作る—— ……………………… 18

〈材料・用具〉
1　子どもをその気にさせる材料や用具 ……………………………… 20
2　個人の道具——あると便利な優れもの—— ……………………… 22
3　クラスにあると超便利——使い方と収納のアイデア—— ……………… 26
4　便利な材料・用具＆システム——図工室に置いておきたい—— ………… 30

〈評価〉
1　図工の評価はこれでいい——情報を集め「よさ」を捉える—— ………… 34
2　教科書＆指導書活用法——評価と教科書の関係—— ………………… 36
3　評価と文例——評価の3観点—— ……………………………… 38

4 図工の評価に答えはない──どんな大家でもわからない── ……………… 40

〈年間指導計画〉
1 始めよければ終わりよし──無理のない時間割りと年間指導計画── …… 42
2 年間指導計画 見直し例──学校全体の年間行事計画に合わせる── …… 44
3 こんなにも関連が?!──図工を制する者は学校を制する── ……………… 46

「できそう」から始める 48

2章 いつでもにこにこ
楽しい図工授業の作り方

〈鑑賞〉
鑑賞って何をするの?──見る力を付ける「ずこうのことば」── ……………… 50
題材1 さくひんてんにいこう お気に入りを見つける ……………… 52
題材2 きょうしつさくひんてん 1年間を振り返って ……………… 53

〈造形遊び〉
遊びは「学び」! 造形遊び──キーワードは「楽しい」── ……………… 54
題材1 つんでならべて からだ全体を使って ……………… 56
題材2 ほうせきみたい きらきら光を通して ……………… 60
題材3 なにみえるかな 切った形から発想して ……………… 64
題材4 ぽとぽといろいろ ピペットで垂らして ……………… 68

〈絵〉
絵は勢いで描け!──自分のペースで描こう── ……………… 72
題材1 まるのへんしん 思い切り描く ……………… 74

もくじ 5

題材2　えのぐとなかよし　シャツの色を塗ろう ・・・・・・・・・・・・・・・・・・・・・・・ 78

題材3　なかよしポスター　絵にことばを添える ・・・・・・・・・・・・・・・・・・・・ 84

題材4　せんといろのハーモニー　自由な線を活かす ・・・・・・・・・・・・・・・ 90

題材5　あきとあそんだよ　心に残ったことを描く ・・・・・・・・・・・・・・・・・・ 94

題材6　うつしてうつして　版で表す ・・・・・・・・・・・・・・・・・・・・・・・・・・・・・・・・ 98

題材7　わたしのえほん　お話の絵を描く ・・・・・・・・・・・・・・・・・・・・・・・・・ 104

題材8　もうすぐはるだね　形や色を真似て ・・・・・・・・・・・・・・・・・・・・・・・ 108

〈立体・工作〉

2次元からとびだせ！　立体・工作 ・・・・・・・・・・・・・・・・・・・・・・・・・・・・・・・ 112

題材1　へんてこいきもの　箱の変身 ・・・・・・・・・・・・・・・・・・・・・・・・・・・・・・ 114

題材2　おってたたせて　折るだけで2次元脱出 ・・・・・・・・・・・・・・・・・・・ 120

題材3　カラフルパーティー　お花紙で作ろう ・・・・・・・・・・・・・・・・・・・・・・ 124

題材4　たねのマラカス　音から生まれる色や形 ・・・・・・・・・・・・・・・・・・・ 130

題材5　ちょきちょきねんど　はさみを使って粘土を立たせる ・・・・・・・・・・・ 134

題材6　ぴょこぴょこうごくよ　曲がるストローを使って ・・・・・・・・・・・・・・・ 138

いつでもダウンロード：黒板提示資料集　144
　　——ずこうのことば　教室配置——

おわりに　148

## 本書の「QR コード」について

本書についている QR コードを読み取ると，
関連する動画の再生リストが開きます。
お好きな動画を選んでご視聴ください。
動画制作は現在進行形です。差し替えたり新たな
ものを付け足したりすることがあります。
事前にお知らせすることはできませんが，
よりお役に立てる動画作りを
目指していますので，
ご了承ください。

# 1章

わくわくどきどき
1年生図工指導の
超基本

基本

# 図工だけじゃない　1年生の超基本

## 1年生は小学校の入り口

初めてのことばかりの1年生にとって，担任の先生は小学校そのものです。1つ1つ教えていくには，根気と時間が必要ですが，やる気いっぱいの子どもたちは目をキラキラ輝かせて一生懸命に取り組んでくれます。そして驚くほど早く身につけていきます。

1年生も終わりに近づくと，小学校生活に必要な一通りのことがすんなりできるようになり「そんなことは当たり前」という顔でいるから面白いです。

これほどの成長を目の当たりにできるのは，1年生の担任ならではの喜びであり，大きなやりがいです。

子どもたちを見ていると，1年生で学んだことがそのまま2年生以降の小学校生活の土台となり，その後の成長に影響を与えていると感じます。

 教師の笑顔は最強アイテム

新しいことには不安がつきものですから，一番大切なのは「安心感」。その次に「学校は楽しい」と感じることです。子どもも教師もそう感じることができれば，たいていのことは乗り切れます。

そのために効果的な最強アイテムが「教師の笑顔」です。私は取り得の

「笑顔」と「工夫すること」で，教師の仕事を続けることができました。笑顔に自信のない方は，毎日鏡の前で笑顔の練習をしてみましょう。「継続は力なり」です。まずはスマホで素敵な笑顔の画像を調べ，真似るところから始めてみてください。笑顔を見ることで，自分のやる気も出てくることでしょう。

 ## 教科の枠を越えよう

この本は「図工指導」と名前がついていますが，内容は図工に限ったものではありません。1年生は他の学年と違って，図工の授業のことだけを考えていたのでは授業ができないからです。学校生活や授業とはどういうものか，というところから始める必要があります。

1章では，授業を成立させるために有効な方法を紹介します。私がやってみて「これはよかった」とお勧めしたいことです。

他の教科や学校生活全体で取り組めば身につくのも早いし，教科内容の習得や学校生活を円滑にするのにも役に立ちます。1年生だけでなく他の学年でも使える方法です。

「これならできそうだ」「早く知りたかったな」と思っていただけることが1つでもあれば嬉しいです。

**基本**

## 2 フルネームが鍵
## 1年生のスタートダッシュ

### 入学式までにフルネーム

全校朝礼に向かうとき，子どもたちは廊下に出て，出席番号順に並びます。

私のクラスはこれがどうしてもできませんでした。「他のクラスは並んでいるのにどうして私のクラスだけできないのだろう」と悩んだものです。

ある年，新1年生の担任になった私は，入学式を4日後に控えて，思いもよらないことを耳にします。隣のクラスの担任になった先輩が「はあー，やっと20人覚えた」とつぶやいたのです。机や靴箱に貼るシールに名前を書きながら，フルネームを覚えるのだと聞いてびっくり。そもそも人の名前を覚えられない私は，自分のクラスの子であっても名札を見なければわからない有様で，クラス全員のフルネームが言えるようになるのは1か月以上経ってからでした。

「これではいけない！」と，子どもの出席番号とフルネームを自分の声でカセットテープに吹き込み，繰り返し聞いて猛練習。何とか入学式に間に合わせました。いざ覚えてみると「フルネームってこんなに大事だったのか」と実感することばかり。今まで「滝野さん（仮名）」と呼んでもこっちを向いてくれなかった子が「滝野めいさん」と呼ぶとパッと反応するのです。

1年生の担任になったら，1番にしなければならないのは「フルネームを覚えること！」でした。今では肝に銘じています。

## 「リレー健康観察」で毎朝トレーニング

　子どもたちもお互いの名前がわかりません。そこで力を発揮するのが，毎朝の「リレー健康観察」。同僚の教師がやっていた方法です。

**【リレー健康観察の方法】**
(1)　教師が出席番号1番の児童の名前をフルネームで呼ぶ。
(2)　呼ばれたら「はい，元気です」と答え，2番の児童の名前を呼ぶ。
(3)　2番の児童も同じように返事をして3番の児童の名前を呼ぶ。
(4)　同じように最後の出席番号の児童まで繰り返す。
(5)　最後の児童は担任の名前を呼ぶ。
(6)　担任が「はい，元気です」と答えて終わり。
※　調子がよくない日は，小声で症状を言う。

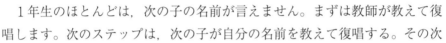

　1年生のほとんどは，次の子の名前が言えません。まずは教師が教えて復唱します。次のステップは，次の子が自分の名前を教えて復唱する。その次は，隣の友達がそっと教える。そうすると，日に日に自分で言える子が増えていきます。「うまく言えるかな」と，自分の番はもちろん友達のこともハラハラしながら聞いているので退屈する間がありません。流れるように健康観察ができるようになったときは，みんな大喜びです。

　図工は他の教科よりもグループ活動が多いため，友達の名前を呼ぶことも多くなります。必ず苗字から呼ばれるので，制作に夢中の「滝野めいさん」も「滝野さん」で気づくようになります。特別に時間を設けなくても友達の名前をしっかり覚えられ，返事の練習もできる。こんないい方法はありません。1年生に限らずお勧めの方法です。

基本

# 3 世界は線であふれている
――毎日の意識が基本的技能を育む――

 **名前も図形**

「いきいきとした子どもらしい作品だな」と思って名札を見ると，名前の文字も力強い線で書かれている。たくさんの作品を見ているうちに，作品と名札にはそんな関係があることに気づきました。

1年生にとって名前も図形です。「書くこと」は「描くこと」なのです。毎日の，名前を書くという行為を通して，思い通りの線を描く技能も育っていくのです。

 **「1文字」が秘訣**

名前の練習方法は「お手本を見て，丁寧に書く」ことに尽きます。

肝心なのは名前を初めて書くときです。

まずは姓の1字だけ書きます。1文字なので，机に貼ってあるお手本を見ながら，どの子も集中して書きます。お手本を見て書くことで，字が整うことに気づきます。教師に褒められるとさらに楽しくなります。要領がわかれば，2文字目からもよく見て書くようになります。

名前を書く機会は1日に何度もあるから

飽きてくる子がいます。

　そんなときは，一番丁寧に書けている1文字を褒めると，また最初の気持ちに戻ります。これを繰り返すと，お手本を見なくても速く丁寧に名前を書けるようになり，思い通りの線を描くための技能につながるのです。

 **あれもこれも線**

　線を意識するのは文字だけではありません。
　紙を折る。プリントを連絡帳にまっすぐ貼る。はみ出さないようにしてのりを付ける。折り目や線にきちんと合わせて切る。
　毎日の作業の中には線を意識することがたくさんあります。その1つ1つを丁寧にやることが，図工の基礎となる技能を培うのです。

 **形は線でできている**

　教科書や黒板は直線。手が触れる机の角は丸い。自分の手やクラスの子の顔や身体は曲線。教室は四角い大きな箱。身の回りだけではなく，この世界はいろいろな線や形でできています。
　あふれる様々な線や形に気づかせ，その意味を一緒に考えてみるのも楽しいでしょう。このような経験が，図工の時間に子どもたちが絵を描いたり，ものを制作したりするのに必ず役立ちます。

1章　わくわくどきどき　1年生図工指導の超基本　15

## 基本 4 話す・聞くの双方向
——話し手と聞き手をつなぐ——

 聞いてください　３・２・１

　話し始める前には，必ず話し手と聞き手の気持ちをつなぎましょう。
教師…「聞いてください」
　　　　指で３・２・１
児童…　教師の方を見て，
　　　　指で３・２・１

　教師が呼びかけ，子どもが同じアクションをすることで気持ちがつながり，話し手と聞き手を結ぶ態勢が整います。
　３・２・１にパッと反応した子には，目線を合わせ「よくできたね」とにっこりうなずきます。
　手を挙げてない子も，周りの子が手を挙げる動きや静かになった気配に気づいて聞く準備ができます。それでも作業に夢中で気づかない子には，隣の子にそっと知らせてもらいましょう。
　慣れてくると，３・２・１を少し

ずつ早く出すようにします。そうするうちに,「聞いてください」と声をかけるだけで,「話す・聞く」の態勢が整うようになります。
　大切なのは,教師はしゃべりすぎず,目線や仕草で「今から話が始まる」ということを子どもと共有することです。

  1つずつ伝える

　話す内容は,できるだけ簡潔に1つずつ伝えるのがポイントです。
　一度に2つ以上のことを伝えると1年生は混乱します。
　例えば,「クレヨンを出して,好きな色でまるを描きましょう」と教師が言うと,クレヨンを出してからどうするのかわからなくなってしまいます。
　困った顔でじっとしていたり,お絵かきがしたくなって自分の好きな絵を描き始めたりと,収拾がつかなくなります。
　この場合,「クレヨンを出しましょう」「好きな色を選びましょう」「まるを1つ描きましょう」と指示を3つに区切ります。
　これなら子どもは理解して活動できます。「わかった」「できた」は「楽しい」につながり,次の話もよく聞こうという好循環が生まれます。

  初めの一歩

　話し手と聞き手をつなぐ双方向の「聞く態勢」作りと「1つずつ伝える」説明や指示の出し方は,子どもたちの集中力や理解力を助け,学習効果を高めることが期待できます。
　入学当初から,図工以外でもどんどん取り入れていきましょう。

## 5 一方通行の導線
――スムーズな流れを作る――

### 導線を作る

　給食を配っていたら「あっ，ぶつかった！」，ノートを出しに来ては「押さないで～！」と，あちこちから子どもたちの悲鳴があがります。大勢の子どもたちが生活する学校では，みんなが動くときのルールが必要なのです。それが「一方通行」です。

　準備や後片付けで動くことが多い図工では，一斉に教室の前に押し寄せると，大混乱します。日頃から一方通行の導線を心がけることが大切です。

　「一方通行ですよ」と，説明しても子どもは理解しづらいものです。一目でわかるように図で示したり床にテープを貼ったりして見える化するとよいでしょう。教室の床に貼られた線をたどれば，スムーズに動けます。

　そうすることで図工では準備や片付けが速くなり，制作時間が確保できます。学校生活では，ぶつかったり，ものを落としたりすることが減るため，安全の面でも重要です。

 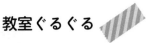
### 教室ぐるぐる

　何も言わなければ，子どもたちは最短コースを通ります。そこで，教室の中でみんなが動くときのルールを教えます。

右のような図を黒板に貼り，反時計回りに動くようにします。

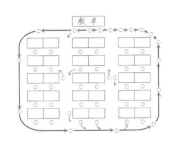

　黒板に図がないときでも一方通行ができるように，慣れるまでは床にテープで矢印を貼るとよいでしょう。テープがはがれる頃には，「並んで取りに来ましょう」と伝えるだけで動けるようになります。

## 「おさきにどうぞ」「ありがとう」

　1年生は自分が行こうと思った瞬間，その場所と自分が一直線につながります。もし途中で誰かがその間に入ってきたら「順番飛ばしだ」と思ってしまうのです。お互いに相手の動きは見えていないので，どちらが先か水掛け論になりがちです。そんなときは「『おさきにどうぞ』と言える子はどちらかな」と問いかけます。

　子どもは認めてもらいたくて「おさきにどうぞ」と言います。譲ってもらった子には「ありがとう」と言ってから並ぶことを教えます。これをクラスに広げます。「とても上手にできたから，みんなに見せてくれる？」と2人にやってもらうのです。2人はみんなの前で認めてもらったことに満足し，他の子はどうすればよいのか，実際に知ることができます。次からは，あちらこちらで「おさきにどうぞ」「ありがとう」の光景が見られるようになります。

　一方通行とゆずり合いの習慣は，図工だけでなくどんな教科でも何年生になっても大切です。入学当初から練習すれば，2年生になる頃には教わってできるようになったことすら忘れるくらい身体に馴染んでいきます。

1章　わくわくどきどき　1年生図工指導の超基本　19

## 材料・用具

# 1 子どもをその気にさせる材料や用具

 **材料や用具の力**

　休み時間に消しゴムを車代わりに夢中で走らせている子。これはその子にとっての大切な創作活動です。身の回りのもので「何ができるだろう」と頭をフル回転させながら楽しんでいるのです。

　図工の時間の始まりには「今日はこんなものを使うよ」と，用意した材料や用具を見せましょう。すると子どもたちは「うわあ」と目を輝かせて授業に取り組みます。魅力的な材料や用具が好奇心をそそり，学習活動に入っていけるのです。

 **何を使ってもいいけれど……**

　どんなものを使っても造形活動はできますが，普段使わない材料や用具を目の前にすると，子どもたちはすぐ手に取って描いたり作ったりしたくなります。材料や用具が，子どもたちの表現したい気持ちを引き出すきっかけに

なるのです。
　最初はとにかく使ってみることが楽しくて，どんどん描いたり作ったりします。いろいろと使っているうちに，自分の作りたいものに合った材料はどれなのか，どの描画材を使えば思ったように描けるのか，使いやすい材料や用具があることに気づき始めます。

### 材料や用具選びで創作意欲アップ

　描画材は描きやすくて発色のよいもの，はさみは手の大きさに合った切りやすいものといった具合に，子どもに合った用具を選びましょう。
　用具が子どもに合っていたら，描くことや作ることがどんどん好きになっていきます。好きだからもっとやりたいし，繰り返すことでさらに上達していくのです。

### 基本的なルールを教え込む

　それぞれの用具が使いやすいように，使い方や片付け方のルールを教えましょう。特に繰り返し使う用具や，みんなで使うものは共通のルールを教え込む必要があります。
　制作に入る前に用具がきちんと整っていれば，気持ちよく造形活動に浸ることができます。

1章　わくわくどきどき　1年生図工指導の超基本　21

材料・用具

# 2 個人の道具
――あると便利な優れもの――

###  お道具箱

　よく使う道具類を入れる箱は，蓋を下に重ねて机の中に入れると引き出しのようになり，道具の出し入れに便利です。たくさんの道具を入れるので，初めに練習をしましょう。
　片付けた状態の写真

収納例

蓋の裏

を撮ってお道具箱の蓋の裏に貼っておくといいでしょう。
　慣れるまでは，道具を急いで放り込んだり，小石や草，丸めたティッシュなどを入れていたりと，中が乱れてしまうことがよくあります。時々，机の上に出して写真を見ながら整理し，道具以外は捨てるか持ち帰りましょう。

###  お道具箱の中に入れるもの

①油性ペン
　細字と極細がセットになったもの。
　表面がつるつるしたものにも描ける。
　キャップはパチッと音がするまで閉める。

22

②**液体のり**

　液体のりは，デンプンのりやスティックのりに比べて接着力が強く，手も汚れにくい。フエキ「オーグルー」は補充が非常に簡単で，常に満たしておくと出し過ぎや空気の膨張による漏れも防げる。
※補充用のりは学級の用具で紹介します。

③**はさみ**

　先が丸く手の大きさに合ったもの。
　左利き用もある。

④**オイルパステル（16色セット）**

　「サクラクレパス」「ぺんてるずこうクレヨン」は，発色がよく，柔らかくて描きやすい。
　子どもには「クレヨン」といった方が伝わりやすい。

⑤**色鉛筆**

　芯が折れにくく，発色のよいものを選ぶ。
　全部が芯でできている「サクラクーピーペンシル」や「ぺんてるパスティック」は，発色がよく，面塗りやこすり出しをするときに便利。

⑥**ポケットティッシュ**

　オイルパステルや絵の具，油粘土など，指先や机，工作マットに付いた汚れを拭き取る。
　授業中は原則として手を洗いに行かない。

## 油粘土と工作マット（粘土板）

　油粘土は粘土ベラもセットになったものが使いやすいです。集めて保管したとき，すぐ取り出せるように名前はよく見えるところに書きます。

　粘土板は，型押しの付いていないものを使います。

　「アーテック工作マット」は，表が粘土板，裏が工作にも使えるカッターマットになっています。薄いので机の中に入れられます。

## 絵の具セットとピペット

　絵の具セットは1年生の5月までに購入します。

　セットに入っているミニ雑巾やスポンジは使わず，ポケットティッシュを入れておきます。15cm位のポリピペットは水を足すときに使います。

　使い方に慣れておくと，夏休みにポスターなどを描くとき役立ちます。

　混色指導は3年生からなので，2年生までは混ぜずに，そのままの色を使います。

　オイルパステルで描いてから少量の絵の具をたっぷりの水で薄めて塗ると，パスが絵の具をはじきます。背景などを塗るのに使いましょう。

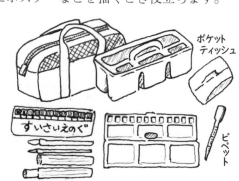

## 磁石クリップと赤白帽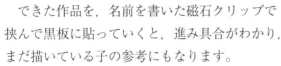

できた作品を，名前を書いた磁石クリップで挟んで黒板に貼っていくと，進み具合がわかり，まだ描いている子の参考にもなります。

赤白帽は磁石クリップでつばの部分を挟んで机に貼り付けます。さっと取り出せ，ゴムが伸びることもありません。

早く終わった子は白帽をかぶり，アシスタントをします。手助けやアドバイスが必要なときは，赤帽をかぶりましょう。

## 自由帳の活用

授業の後「もっとやりたい」と言う子どもの声を聞くのが一番嬉しいです。そんなときは「自由帳に描いてね」と伝えます。何人か描いてくる子がいるのでカラーコピーさせてもらい，教室に掲示していました。

今ならタブレットで撮り，大型ディスプレイで見せることができます。

雨の日の休み時間などに映せば，真似をしたがる子，もっと面白いものが描けそうだと思う子が出てきます。自由帳がどんどん自由な表現の場に変身していきます。

自由帳は，絵や工作で表現したいモチーフを考えるときに役立ち，そのまま切り取ってコラージュすると，素敵な作品ができあがります。

### 材料・用具

## 3 クラスにあると超便利
―使い方と収納のアイデア―

 教師が管理する材料など

①画用紙・色画用紙　画用紙棚

　八つ切りと四つ切り画用紙を100枚ずつ，色画用紙も100枚束で購入します。10枚単位だと，単価が2倍近くになります。他の学級や学校付けの色画用紙と色を交換して使いましょう。

　四つ切画用紙が入る画用紙棚はとても便利です。画用紙の保管だけでなく，作品やプリント類も保管でき，すぐに取り出せます。

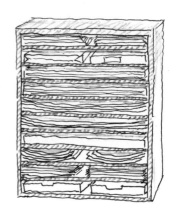

②補充用のり

　子どもたちがお道具箱に入れている液体のりは，減った分をそのつどいっぱいにしておくと絞り出して出し過ぎることがありません。気温の上がる時期にも，空気の部分の膨張でのりがあふれ出すということがなくなります。

　フエキオーグルーの専用補充容器なら，手を汚さず簡単に補充ができます。また，スポンジキャップの予備を入れるところがあるので，穴が開いたり乾いてしまったりしたらすぐに交換できます。補充用のりは中身だけの安価なパウチもあるので，詰め替えて，容器は繰り返し使いましょう。

③無地新聞紙

　印刷をしていない無地の新聞紙です。安価で吸水性がよく，机の上に敷くのに適しています。記事が印刷されてないので授業に集中しやすくなります。絵を描くときなどに敷きますが，多少汚れたり破れたりしても繰り返し使って問題ありません。ボロボロになったものは，丸めて工作の芯材として使えば無駄がなくなります。

##  4人班に1つずつ用意する

### ①水性顔料マーカー

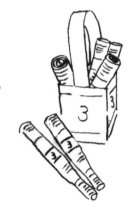

　工作や造形遊びで大活躍してくれるのが水性の顔料マーカー「三菱鉛筆プロッキー」。ペットボトルのようなツルツルしたものにも描くことができ，乾けば水に濡れてもにじみません。臭いもほとんどありません。子どもがキャップを閉め忘れても，油性に比べてペン先が乾きにくいので安心です。

　各班に1箱ずつ用意してペン立てに入れておくとすぐに取り出せます。描けなくなった色があれば補充できるように，1箱予備を持っておくといいです。

### ②大きなセロテープカッター

　セロテープは切りやすさが命。片手で作品を押さえつつ，もう片方の手でピッとテープを切る気持ちよさは，創作意欲をかき立てます。そのためにはずっしり重いテープカッターがいいです。補充用テープのストックも忘れずに。多少値が張りますが，他の教科にも使える上，6年間ずっと役立つので，班の数だけ揃えておきたいものです。

## 子どもも自由に使える教室グッズ

①卓上トイレットペーパーホルダー

　ティッシュボックスでもよいのですが，トイレットペーパーなら補充がすぐできます。図工の時間だけでなく，給食をこぼしたときなどにも役立ちます。ちょうどよい大きさの箱の上部に穴をあけただけのものでも，中芯を取って中心から引き出すとうまく出てきます。

②裏紙

　余った裏の白いプリントやミスコピー用紙を吊るしておくと，オイルパステルの汚れを取ったり絵の具で試し描きをしたりするのに便利です。小さい作品なら下に敷いて作ると机が汚れません。

　他にも細かいごみを包んで捨てたり，ちょっとしたメモに使ったりと何かと便利なので切らさないようにしていました。表側の内容を必ずチェックして使いましょう。

③2度拭き不要のスプレー洗剤

　粘土板や机についた油汚れは，洗剤をスプレーしてティッシュで拭き取るとすっきり落ちます。粘土板とカッターマットが一体になった工作マットは，机の中に入れておくとすぐに取り出せますが，油粘土のベタつきが気になります。洗剤を使うとベタベタしません。水拭きだけでは落ちにくい汚れ全般に使え，掃除の時間にも活躍します。詰め替えを常備しておくと，教室の中がピカピカに保てます。

視覚にうったえる

①両面名札磁石とミニホワイトボード

　両面色板磁石を長方形に切って名前を書き，ホワイトボードに座席順に貼っておきます。課題ができた子から裏返していくと，一目で進捗状況がわかり，サポートにも行きやすくなります。裏返していくうちに，どちらの色ができているのかわからなくなってくるので「OK」の磁石を作って色を示しておくのがポイントです。

　他の教科にも同じようにして使えます。磁石を黒板に貼れば，係を決めるときなどにも活用できます。

②算数用時計板

　作業終わりの時刻を時計の針で示しておくと，時計の読めない１年生も，視覚的に捉えることができます。時刻も書くと算数的体験にもなり，学校生活全般で使うことで時計を見る習慣が身につきます。

  見てわかる収納

　子どもが出し入れする用具は箱やかごに入れ，一目で収納場所がわかるように表示しましょう。慣れれば自分たちで素早く準備や片付けができるようになります。

1章　わくわくどきどき　１年生図工指導の超基本　29

材料・用具

## 4 便利な材料・用具&システム
——図工室に置いておきたい——

###  図工室探検をしよう

　生活科で行う学校探検の下見として，図工室に行き，棚や引き出しの中まで開けてみましょう。1年生の授業で使えそうな材料や用具が見つかればラッキーです。箱・牛乳パック・卵パック・梱包材など，前年度までに余った材料を置いているところもあり，すぐに図工で使えます。
　実際の学校探検のときにも，子どもたちに「1年生で使うものもあるよ」と見せると，それだけで図工の時間が楽しみになります。

###  購入しておきたい材料・用具

#### ①共同絵の具セット

　絵の具を材料としてたっぷり使う場合は「共同絵の具」を使用します。揃えたいのは，赤・青・黄・白の4色。他の色はこの4つを混ぜて作ることができます。ただし，ピンクと紫は少し濁った感じになってしまうので，必要があれば用意しておきます。

　使うときはペットボトルに入れ水で薄めます。一度水に溶いたら，使用期限は2週間。放っておくと腐って異臭を放ちます。夏は特に足が速いので，理科室の冷蔵庫に保存しましょう。他の教師が見てもわかるように，日付と学年・組も忘れずに。冷暗所なら1か月は大丈夫です。

②ワンタッチキャップ（ペットボトル用）

　水溶き絵の具を扱うときにペットボトルは欠かせませんが，1年生だと多めに出してしまったり倒してしまったりすることがあります。

ペットボトル用
プッシュプルキャップ

　そこで便利なのが「プッシュプルキャップ」です。台所用洗剤のキャップと言った方がわかりやすいでしょうか。ワンタッチで開け閉めでき，蓋が開いた状態で倒してもこぼれるのはわずかです。使わないときは，絵の具が固まってしまわないよう，水洗いをして片付けましょう。

　口径がぴったり合うとは限らないので，強く振ると隙間から漏れることがあります。絵の具を水と混ぜるときは，初めから付いていたペットボトルのキャップをしっかり閉めて振りましょう。

③蓋付きプラコップ

　100個単位で購入しておき，造形遊びや工作の材料として使います。共同絵の具を小分けするのにぴったりです。その場合には，蓋をコースター代わりにしてセロテープでとめると，倒れにくくなります。テープをはがすと簡単に元通りに片付けることができます。

④ポリピペット

　ピペットは15cm程度のプラスチック製のものが，実験用としてまとめて安価に売られています。こちらも100本単位で購入しましょう。個人用絵の具セットに1本入れておき，残りは，絵の具を少量使うときや，ドロッピングなどの技法を使うときに便利です。

1章　わくわくどきどき　1年生図工指導の超基本　31

⑤マスカーテープ

「マスキングテープ」と「養生シート」が1つになっている塗装用資材です。図工では，床などの汚れが気になる造形遊びや版に表す題材で活躍します。

 **作っておきたい便利な道具**

①スポンジスタンプ台

スタンプ台はトレイにスポンジを両面テープで貼り付けて作ります。

共同絵の具を2倍くらいに薄めたものを浸み込ませて使います。1つのトレイの左右に，黄と赤，赤と青，青と黄の2色ずつ入れておくと，真ん中あたりは，橙や紫，緑っぽい色になり，色のバリエーションが増えます。使用後は洗わずに乾かします。湿らせて繰り返し使えます。

②タンポセット

ポリエステル綿を布目の粗い生地で包み，ストッキングを輪切りにしたゴムでくくって作ります。ストッキングであれば普通の輪ゴムと違い朽ちることがありません。

使うときはプラスチックのプリンカップに1個ずつ入れ，色ごとにかごに分けておきます。

そこから使いたい色を取り出し，絵の具と水を少し足します。くるくる回してトントンと叩くと絵の具が馴染んで布目がきれいに出ます。

洗わず，そのままかごに戻します。タンポも繰り返し使えます。私が使っているタンポの中には10年以上前に作ったものもあります。

## こんなシステムも便利

### ①学校付け「色交換用色画用紙棚」

色画用紙の購入は100枚単位が断然お得です。必要な色を学校で購入して，印刷室など使いやすい場所に常備するのが便利です。

私の勤務校では学級費で購入していたので「色画用紙交換簿」を作り，使った枚数だけ他の色を返すシステムにしました。図工担当教員に相談して，提案してみてはいかがでしょうか。

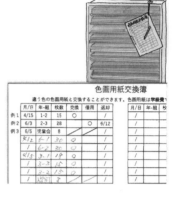

### ②動画で使い方がわかる収納

使えそうな材料や用具があっても，使いこなせないことがよくあります。そんなときは動画検索をしてみましょう。図工の材料や用具の使い方がわかる動画は多数公開されています。参考になったら，動画名や検索ワードを書いて一緒に収納しておくと，次に使うときにすぐチェックできます。他の教師が使うときにも役立ちます。

### ③メモを残そう

図工室の材料や用具を使おうと思っても，そこにないときがあります。誰が持って行ったか探すのは大変だし，見つかっても授業が重なっていると，直前で時間割変更をしなければならなくなることもあります。備品・材料・用具などを持って行くときは，誰がいつまで使うのかメモを残すと負担がぐっと減ります。担当でなければ全員に呼びかけるのは難しいですが，まずは自分からやってみましょう。

## 1 図工の評価はこれでいい
——情報を集め「よさ」を捉える——

 「よさ」を見つける

　教師は題材の目標と内容に従い授業を進め，子どもの発想や表現のよさを見つけて評価します。それをまた指導に活かします。指導と評価は一体なのです。

　「私に評価ができるのだろうか？」という不安を抱くこともあるでしょう。しかし，直接指導する教師以上に子どもを評価するのにふさわしい人はいません。その点は自信をもってください。
　手がかりになりそうなものをできるだけ集めて，「よさ」を見つける経験を積み重ねていけば，それでいいのです。

 手がかりになるもの

　「国語や算数はテストがあるけれど，図工はどう評価したらいいかわからない」という声をよく聞きます。図工にはテストがありません。では，その代わりになるものを考えてみましょう。
①作品　目標の達成度がわかりやすい点では，テストに一番近い。造形遊びでも結果として作品ができることがある。
②題名　1年生なりの制作意図が読み取れる場合が多い。

③活動の様子　写真や動画で記録すると，目標への迫り方がわかる。
④児童の説明　制作途中やできあがった作品についての説明は，動画で記録するとわかりやすい。

　こういった手がかりを基に，評価しましょう。
　今は，タブレットやデジタルカメラで簡単に記録をとることができます。
　たくさん記録すると見返すのが大変になるので，写真は撮るアングルや枚数を決め，動画は15秒位の短いものにします。
　テストがある教科でも，それだけで評価することはできません。日頃の授業の様子や，ノートなど様々な要素から総合的に評価するのですから，図工だけが特別なわけではありません。

 **教師も学び合う**

　制作意図がつかめない，判定の境界で悩む作品は，同僚や先輩の力を借りましょう。
　実際の作品や制作の様子を基に，迷っている点を具体的に説明しましょう。評価について相談することで題材の理解が深まり，学び合うことができます。人に話すことで考えが整理され，答えが見えてくることもあります。

1章　わくわくどきどき　1年生図工指導の超基本　35

評価

# 2 教科書＆指導書活用法
―― 評価と教科書の関係 ――

 **教科書会社は教師の味方**

　教科書を開けば，学習のめあてやポイントなどが１年生にもわかりやすい表現で書かれ，題材のイメージがつかめるような写真や図がたくさん載っています。目標を確かめたり活動のイメージをもったりすることができるように，いろいろな工夫がちりばめられているのです。
　教師用指導書には評価についての詳しい記載もあります。「知識・技能」「思考・判断・表現」「主体的に学習に取り組む態度」の３観点のうち，この題材ではどこに重点を置いて評価すればよいかも示されています。教科書会社は，子どもたちの学びや教師の指導を助けてくれる強い味方なのです。

 **児童用教科書は大型ディスプレイで見せる**

　図工の教科書が他の教科と大きく違う点は，２つあります。１つ目は学習する順番通りになっていないこと。２つ目は実際の授業では扱わない活動もたくさん載っていることです。例えば，砂と雪を使っ

た造形遊びの写真が同じページに載っているような場合です。子どもたちにそのまま見せると，温暖な地方の子どもたちは雪遊びに，雪国の子どもたちは広い砂浜の遊びに強く興味を引かれてしまい，本来の目標を見失うこともあります。

デジタル教科書などを使い教科書の中で，「ここを見せたい」という，目標や学びのポイント，制作や活動の様子を，教師が選んで大型ディスプレイで見せる方が明確に活動のイメージや目標をもたせることができます。子どもたちが目標を理解して題材に取り組むことができれば，その姿を指導書に照らし合わせて評価できるというわけです。

 **教師用指導書は辞書代わり**

地域性や校内事情，行事等に合わせると，教科書とまったく同じ題材に取り組めないのが実情ではないでしょうか。

その場合は，教科書題材と同じような目標で取り組める題材に置き換えると，教師用指導書を活用して評価することができます。立体工作等で教材セットを使うと，教科書のどの題材に当たるかが明記されています。

指導書を見ると評価規準とともに，ABCの評価を付ける際，どのようなことができるようになればよいかがわかる具体的な例も載っています。辞書を引く感覚で評価の手引きにすればよいのです。

また，毎回3つの観点をすべて評価するのではなく，重点を置く1つの観点についてだけ評価します。

1学期間に3観点を網羅できるように題材を配置しておけば，通知表や指導要録の評価に役立てることができます。

評価

# 3 評価と文例
## ──評価の3観点──

 **評価を文章で表現するには**

　通知表や指導要録には文章記述欄があります。他の教科に比べて図工の評価が高い場合や表彰を受けたときは，文章での記述が必要です。観点別評価を明確にしつつ，子どもの姿が伝わるように心がけてきましたが，どの子もその子だけのよさがあるのでとても難しいです。

　ここにあげた文例は『授業力＆学級経営力2022年7月号』のために作成したものを基にしています。1年生の内容を選び，A評価に当たる部分を下のように表しました。

- 「知識・技能」(知)　・「思考・判断・表現」(思)
- 「主体的に学習に取り組む態度」(主)

　そのまま使えるものはないと思いますが，似ている題材や子どもの姿に置き換えることで参考になれば嬉しいです。

 **図工の評価が高い**

・「好きなものを描こう」と呼びかけると，すぐに大好きなぬいぐるみや思い出のキーホルダーを描き始め(主)ました。描くことが好きでたまらない(主)様子で，とても可愛くきれいな仕上がり(思)に感心しました。

- 指先で器用に粘土を丸めたりつまんだり(思)して，うさぎのお弁当の中身を作りました。5ミリにも満たない細かい細工(知)に，友達も顔を近づけて見入っていました。
- 初めて触る土粘土の柔らかい感触を味わいながら(知)，握ったりのばしたり楽しんで(主)いました。しっかりと立つよう足を太く工夫(思)し，力強いお相撲さんを作りました。
- 野菜を使った型押しでは，オクラの星形の断面(知)が気に入り，画用紙いっぱいに押して(主)いきました。途中から，全体の形や色を意識(思)して，最後には大きく羽を広げた虹色の美しい蝶(思)ができあがりました。
- 自分が桃太郎だったらと自由に発想を広げ(思)，画用紙の半分以上を占める大鬼に立ち向かう姿(知)を描きました。大好きなキャラクターの要素を生かした(思)登場人物たちは，今にも動き出しそうで，いきいきと(主)描かれていました。

 展覧会等で表彰された

- 七色のお花紙を重ねた(知)ソーダの上に，あふれんばかりの鮮やかないちごのトッピング(思)。校内作品展では，ずらりと並んだ「ごちそうパフェ」の中でもひときわ注目を集め，文化祭出品作品に選ばれました。
- 白紙の画用紙を手に，観察にじっくりと時間をかけ(主)ました。筆を握ると黄色と白の絵の具で(知)，一気に存在感のある厚物の菊(思)を描きました。勢いのある作品は，菊花展絵画最優秀に選ばれました。
- 自由に描いた線の形から発想した夢の花(思)からは，線と色のハーモニーがあふれ出てくるようです。バチックの技法(知)を使った薔薇のような花は模様と色のバランスが美しく(思)，県文化祭展覧会銀賞に選ばれました。
- 握った粘土の凸凹の形を生かし(思)，いくつも組み合わせて今にも動き出しそうな深海の生物(思)を作りました。躍動感あふれる作品は，教育文化祭展覧会金賞に輝きました。

1章　わくわくどきどき　1年生図工指導の超基本　39

## 4 図工の評価に答えはない
――どんな大家でもわからない――

### 絶対的な評価はない

　自分は図工が得意じゃないから，正しい評価ができないと思っていませんか。この本を読んでいる時点でそうかもしれませんね。けれども書いている私自身，自分の評価が絶対だと思ったことはないのです。
　作品展の審査をしたこともありますが，たいていの場合は意見が分かれます。満場一致という作品も時々ありますが，選ばれた作品のすべてが満場一致だったことは一度もありません。
　見る人の感性によって評価が異なるのが芸術作品の特性です。
　まして，子どもたちは成長過程です。どんどんと好きなものや表現力が変わっていきます。図工の題材の中でも得意なもの不得意なものがあります。もともと「これが正しい」という答えがないのですから，そのすべてを正しく評価しようということはどう考えても無理です。

### 評価は変わっていく

　１年生の教師が付けた評価が悪かったからといって，その子の芸術性が劣るわけでもなければ，逆に素晴らしい作品ばかりだと思ってよい評価を付け

ても，次の学年の教師が見れば，また違った評価になることもあります。小学校6年間通して図工の評価が飛び抜けて高いからといって，その子が芸術関係の仕事に就くとは限りません。

　古今東西，星の数ほど芸術家はいますが，現在も評価されている作品が残っているのは，そのほんの一握りでしかありません。しかも，作品が作られた当時，評価が低かったものが後になって高く評価されることもあります。

　ゴッホの「ひまわり」がよい例です。逆に，当時もてはやされていたのに今では見向きもされないという作品の方がずっと多いでしょう。

　作品を作るのは芸術家ですが，優れた作品を世に残すのは，そのよさを見出し，後世に残すべきものだと高く評価する人々の力です。

 **自分の評価に自信をもとう**

　子どもの制作活動や作品のよさを見出すために，教師自身の鑑賞眼は磨いていかなければいけないものだと思います。みんながよいと言っているからよいもので，自分は好きだけれど話題に上らないから価値がない，と周りの評価に振り回されたことはありませんか。正しい答えがないなら，せめて「私はいいと思う」とはっきりと自分の考えをもてるように，しっかり見たり感じたりしましょう。

　子どもたちは担任のあなたの評価を待っています。子どもたちの作品にはその子自身が表れています。よいところが1つもない子なんていません。作品も同じです。よい部分を見つけて，そこを評価してあげてください。1年生にもわかることばで具体的に伝えてあげることがその子自身の自信につながり，図工の好きな子が育つのです。

1章　わくわくどきどき　1年生図工指導の超基本　41

## 年間指導計画

# 1 始めよければ終わりよし
―― 無理のない時間割りと年間指導計画 ――

### 図工は２時間続きで

　１年生の初めは，何をするにも準備や片付けに時間がかかります。週２時間の図工を１時間ずつに分けてしまうと，準備をしたら「あらもう片付けの時間？」ということになってしまいがちです。４時間目だと，片付けが遅れたときに給食に影響が出てしまいます。図工の時間が取れるのは，１・２時間目か２・３時間目のどちらかということになります。

### 年間指導計画表が頼り

　他の教科と違い，図工の教科書は必ずしも前から順に学習を進めていく構成になっていません。実情に合わせて柔軟な授業ができるように，実際には行わない授業例の写真なども載っています。
　そこで必要なのが，学校ごとに作成している「年間指導計画」を確認しておくことです。図工の場合はこの計画に従って授業を進めていきます。

## 実際の計画は見直しから

ところが，新年度には学校全体の年間計画等に変更が出ることがあり，前年度に作成した年間指導計画通りに授業が進められるとは限りません。

その場合は，題材や実施時期を柔軟に入れ替えて乗り切りましょう。

わからないことがあれば，経験豊富な先輩教師にどんどん聞きましょう。前年度に1年を担任した教師に尋ねるのも参考になります。

 ## 一筋縄ではいかない見直し

時には前年度とはがらりと年間行事予定が変わったり，年間指導計画が十分検討されていなかったりする場合があります。

どちらの場合も，学校の年間指導計画表(学)と教師用指導書の年間指導計画表(教)と学校全体の年間行事予定表(行)を並べて，チェックしておかなければなりません。以下略語として(学)(教)(行)を使用。

そうしないと行事に振り回されたり，学習指導要領の内容の学習が十分でなく，学年が上がったときに困ったりする恐れがあります。

**チェック方法**
① (学) の中で (教) の題材に当たるものに印を付け，網羅できているかどうか確かめます。
② (学) と (行) を見比べて，差し替えが必要なところがあれば直します。(行) の中で，図工に関連しそうな行事に印を付け，それに合わせて (学) の題材を並べ替えたり，差し替えたりします。

5月の連休明けを目途にやっておくと，後の授業が楽になります。具体例は次のページをご覧ください。

1章　わくわくどきどき　1年生図工指導の超基本　43

# 年間指導計画

## 2 年間指導計画 見直し例
――学校全体の年間行事計画に合わせる――

 学習指導要領の内容を網羅するために

　教師用指導書は学習指導要領の内容を踏まえて細部まで考えて作られています。年間指導計画の例も載っています。必要な項目が網羅されているので，見直しをするときの土台として活用しましょう。

 見直しの手順とポイント

①学校や地域の年間計画で図工に関係のあるものを表の右側に書き出す
　・授業参観，研究会…教室や廊下に作品を展示する
　・作品募集，教育文化祭…作品を出品する
　・遠足，水泳，健康診断，避難訓練等…図工の時間との重なりに注意
　・運動会，学習発表会等…練習のため時間割の調整が必要

②行事等との関連を基に，表の左側に図工の題材を配置し直す
　・題材の実施時期を入れ替えたり，内容を差し替えたりする
　　（差し替える場合は，同じような内容・目標の題材を選ぶ）
　・展示・出品に合わせて早めに作り始め，余裕をもって作品を仕上げる
　・時間割変更に合わせて，図工の時間をずらしたり分けたりする
　・生活科等と連携して，教科横断的な計画を組む
　・準備が大変なものは，制作物や余った材料を，その後の制作に活かす
　・簡単な絵の具セットの使い方やポスターの描き方の題材も入れる

③関連するもの同士を線でつなぐ（右図：見直した年間指導計画表の例）

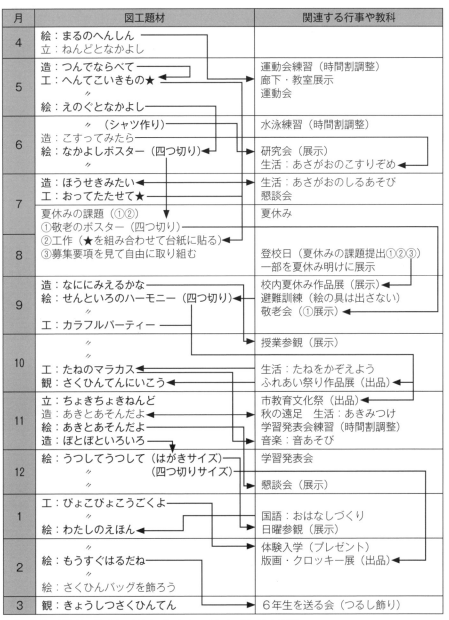

| 月 | 図工題材 | 関連する行事や教科 |
|---|---|---|
| 4 | 絵：まるのへんしん<br>立：ねんどとなかよし | |
| 5 | 造：つんでならべて<br>工：へんてこいきもの★<br>絵：えのぐとなかよし | 運動会練習（時間割調整）<br>廊下・教室展示<br>運動会 |
| 6 | 〃（シャツ作り）<br>造：こすってみたら<br>絵：なかよしポスター（四つ切り）<br>〃 | 水泳練習（時間割調整）<br>研究会（展示）<br>生活：あさがおのこすりぞめ |
| 7 | 造：ほうせきみたい<br>工：おってたたせて★ | 生活：あさがおのしるあそび<br>懇談会 |
| 8 | 夏休みの課題（①②）<br>①敬老のポスター（四つ切り）<br>②工作（★を組み合わせて台紙に貼る）<br>③募集要項を見て自由に取り組む | 夏休み<br>登校日（夏休みの課題提出①②③）<br>一部を夏休み明けに展示 |
| 9 | 造：なにみえるかな<br>絵：せんといろのハーモニー（四つ切り）<br>〃<br>工：カラフルパーティー | 校内夏休み作品展（展示）<br>避難訓練（絵の具は出さない）<br>敬老会（①展示） |
| 10 | 〃<br>工：たねのマラカス<br>観：さくひんてんにいこう | 授業参観（展示）<br>生活：たねをかぞえよう<br>ふれあい祭り作品展（出品） |
| 11 | 立：ちょきちょきねんど<br>造：あきとあそんだよ<br>絵：あきとあそんだよ<br>造：ぽとぽといろいろ | 市教育文化祭（出品）<br>秋の遠足　生活：あきみつけ<br>学習発表会練習（時間割調整）<br>音楽：音あそび |
| 12 | 絵：うつしてうつして（はがきサイズ）<br>〃（四つ切りサイズ） | 学習発表会<br>懇談会（展示） |
| 1 | 工：ぴょこぴょこうごくよ<br>〃<br>絵：わたしのえほん | 国語：おはなしづくり<br>日曜参観（展示） |
| 2 | 〃<br>絵：もうすぐはるだね<br>〃<br>絵：さくひんバッグを飾ろう | 体験入学（プレゼント）<br>版画・クロッキー展（出品） |
| 3 | 観：きょうしつさくひんてん | 6年生を送る会（つるし飾り） |

太字の題材の詳細は，第2章で紹介しています。（次ページ一覧表参照）

1章　わくわくどきどき　1年生図工指導の超基本　45

### 年間指導計画

## 3 こんなにも関連が?!
―― 図工を制する者は学校を制する ――

 書き出すとこんなに！

　前ページの矢印で表した様々な関連を，題材の実施順に書き出しました。それぞれ次のような記号で表しています。

　　(展)教室や廊下に作品を展示する　　(再)作品や材料を再利用
　　(重)図工の時間との重なりに注意　　(調)時間割の調整が必要
　　(基)他の図工題材の基本となる題材　(幼)保育所や幼稚園との連携
　　(他)他教科との連携　(出)作品を出品する　(地)地域や自然との関わり

絵：まるのへんしん p.74…(展)5月の校内展示　(※ p.74…掲載ページ)
立：ねんどとなかよし…(基)「ちょきちょきねんど」へ発展
造：つんでならべて p.56…(再)材料を「へんてこいきもの」で使用
工：へんてこいきもの p.114…(出)作品を夏休みの工作に活用，(調)運動会
　　練習と重なる場合は時間割を変更
絵：えのぐとなかよし p.78…(基)絵の具の使い方，(展)6月の校内展示
造：こすってみたら…(他)生活科「あさがおのこすりぞめ」
絵：なかよしポスター p.84…(基)ポスターの描き方，(出)人権ポスター展
造：ほうせきみたい p.60…(他)生活科「あさがおのしるあそび」
工：おってたたせて p.120…(出)夏休みの工作に活用
造：なににみえるかな p.64…(展)10月の校内展示，(再)作品を「うつして
　　うつして」の紙版として使用
絵：せんといろのハーモニー p.90…(重)避難訓練と重なるときは絵の具を
　　使わない，(出)教育文化祭や地域の秋祭りに出品

工：カラフルパーティー p.124…(出)教育文化祭や地域の秋祭りに出品
工：たねのマラカス p.130…(他)生活科「たねをかぞえよう」
観：さくひんてんにいこう p.52…(地)公民館でのふれあい祭り作品展
立：ちょきちょきねんど p.134
造：あきとなかよし…(基)自然の物を使って楽しく造形遊びをした体験を「あきとあそんだよ」の絵に表す，(他)生活科「あきみつけ」
絵：あきとあそんだよ p.94…(展)12月の校内展示
造：ぽとぽといろいろ p.68…(再)色の付いた画用紙を「うつしてうつして」に使用
絵：うつしてうつして p.98…はがきサイズ…(展)1月の校内展示，四つ切りサイズ…(出)版画・クロッキー展，(再)残りの作品を「ぴょこぴょこうごくよ」の材料として使用
工：ぴょこぴょこうごくよ p.138…(幼)体験入学の幼児へのプレゼント
絵：わたしのえほん p.104…(他)国語「おはなしづくり」
絵：もうすぐはるだね p.108…(展)卒業・入学の校内展示
絵：さくひんバッグを飾ろう…(再)持ち帰る作品を入れる
観：きょうしつさくひんてん p.53…(再)作品バッグに入れて持ち帰る

 初めのチェックが肝心

　こんなふうに書き出ししてみると関連だらけで，今さらながら驚きました。学習指導要領の内容を網羅するためには，早い段階で年間指導計画のチェックが必要なのですね。
　学校によって状況は異なりますが，年度途中であわてないよう，年間指導計画に目を通しておくことをお勧めします。

## 「できそう」から始める

教師も「できそうだ」「できた！」が大切です。無理せず，シンプルなことから始めてみてください。
困ったときは，どんどん周りの先生方に尋ねてみましょう。忙しい中でも，きっとたくさんのことを教えてくださると思います。私もそれで乗り越えてきました。
私の動画にコメントを送ってくだされば，できる限りお答えします。

# 2章

## いつでもにこにこ 楽しい図工授業の 作り方

## 鑑賞って何をするの？
――見る力を付ける「ずこうのことば」――

 **鑑賞と制作は一体・見ると作るは同時進行**

　図工でいう鑑賞は，描いたり作ったりすることと一体となっています。鑑賞の例として作品展に行くこと，自分の作品や友達の作品を振り返ることを入れていますが，これもその後の作品作りに活かすための活動です。

　見ながら作る，作りながら見る。それを繰り返して制作が進んでいきます。友達の作品を見てそのよさを感じ取り，自分の作品に取り入れる。これも鑑賞を制作に活かすことです。「友達のよさを取り入れた」と言えることは，鑑賞の力があるだけでなく，著作権を大切にすることにもつながります。

 **造形的な視点は「ずこうのことば」カードから**

　漠然と見るのではなく，描くために見る，作るために見るには，色や形など造形的な視点で捉えることが大事になってきます。

　難しく考えることはありません。1年生がわかる造形的なことばを集めた「ずこうのことば」カードを用意することから始めましょう。

　私はＡ３コピー用紙をラミネートしたものに，形や色など図工に関わることばを集めたカードを貼っていました。具体的なことばの部分は白く空けて

おき，ホワイトボードマーカーでどんどん付け足していきます。子どもたちが使えるようになった言葉は消して，新たに出てきた言葉を書き足すと語彙が増えていきます。

　本書の中に，「褒める」という言葉が繰り返し出てきますが。これはすべて「ずこうのことば」を入れて褒めることを表しています。教師自身が手本となり積極的に「ずこうのことば」を使うことを心がけましょう。

## 鑑賞タイムを取る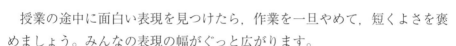

　授業の途中に面白い表現を見つけたら，作業を一旦やめて，短くよさを褒めましょう。みんなの表現の幅がぐっと広がります。

　鑑賞会は，友達同士で見せ合ってよいところを見つけ「ずこうのことば」を使って伝え合います。鑑賞の力が付いてくると「左上の花のような形は，紫と水色を混ぜて描いていて優しい感じが好きです」と発表する子もいます。何に見えるか，何色をどのように使っているか，その結果どんな表現になっているかまで発表できているので，1年生の鑑賞力としては言うことがありません。このような発表の仕方を褒めると，他の子どもたちの発表が具体的になっていきます。

　終わったら他の班が鑑賞会をしているところを，静かに見に行くと参考になります。見られているとドキドキする子もいますが，そこは1年生です。毎回同じようにやっていると「そんなものだ」とすぐ慣れます。

　よさを見つけてもらったら「ありがとうございます」と言うことも教えましょう。いろいろな場面で友達のよさを見つける子や「ありがとう」と言える子が増えていき，楽しい学級作りに役立ちます。

鑑賞

## 題材1 さくひんてんにいこう
お気に入りを見つける

時間：2時間　　時期：10月

### 題材のねらい　地域の作品展に出かける

　芸術の秋。地域の公民館で開催される作品展には，保育所や幼稚園の作品から大人の作品まで，様々な作品が飾られています。ちょっとした遠足気分で出かけ，お気に入りの作品を見つけましょう。

### 気をつけること

- 往復の時間を考え，ゆとりをもった計画を立てる。
- 事前に，公民館に見学に行く日時と学年・人数を知らせる。
- 安全に行き帰りできるよう必ず複数の教師が引率する。

### 指導のポイント　見つけたよさを語り合う

　作品を眺めて通り過ぎるのではなく，立ち止まったり自由に見て回ったりする時間を作りましょう。見つけた作品のよさをことばにして友達と語り合うことで，作品の見方がぐっと深まります。色や形など造形的な視点から語り合っている子を見つけたら，主催者の許可を得て作品とともに動画で撮影しておきます。教室に吹き出し付きの写真を展示すれば，鑑賞の仕方をクラス全体に広めることができます。

鑑賞

## 題材2 きょうしつさくひんてん
1年間を振り返って

時間：1時間　　時期：3月

### 題材のねらい　作品のよさを再発見する

1年間に制作した平面作品を持ち帰る前に，鑑賞する時間を作ります。時間をおいて作品を見返すことで，忘れていた描き方を思い出したり，新たに形や色などの面白さが見つかったりすることもあります。

### 用意するもの

作品バッグ，1年生で制作した平面作品

### 指導のポイント　思い出話に花を咲かせる

作品を配ってすぐ作品バッグに入れるのではなく，初めて描いた作品から1つ1つ思い出を語りながら作品を見ていきます。パスで力強く描いたこと，絵の具で色を塗ったり型押し遊びをしたことなど，制作したときの様子や気持ちを思い出し，懐かしく感じることでしょう。

一番のお気に入りの作品を一番上に置き，自由に見て回るのも楽しいです。自分や友達の作品をもう一度見て語り合うことで，1年生の学習内容が定着し，2年生の図工の土台となることでしょう。

> 造形遊び

# 遊びは「学び」！　造形遊び
―― キーワードは「楽しい」――

##  楽しさは「学び」につながる

　造形遊びに「遊び」と付いているのは，楽しく造形活動をするという意味だと私は解釈しています。楽しいことであれば，ちょっと難しいと感じてもできるようになりたくて，自然に頑張ることができます。
　「遊び」ですから，教師は子どもたちの発想や表現の自由を尊重し，安心して思いっきり「遊び」に浸れるようにしましょう。子どもたちは遊びの中で造形に必要な技能や能力を自ら学び，身につけていきます。

##  教師の笑顔が1番

　「今日はこんなことをしよう！」と，教師自身が満面の笑みで，授業を始めましょう。子どもたちに「やってみたい！」と思わせられるかどうかは，9割方教師の笑顔にかかっています。「先生が楽しそうだから，絶対楽しいはずだ！」と子どもたちが積極的に取り組みます。
　10ページでも書きましたが，教師の「笑顔」は最強アイテムです。造形遊びに楽しく浸り「学び」につなぐためには特に欠かせないものです。

## 活動のレベルが２番

次に大切なのは，活動内容が１年生に合っているかどうかです。やってみて簡単すぎるのはつまらないし，難しすぎるのでは途中でくじけてしまいます。子どもたちが「できそう！」と思えて，ちょっと頑張ればできるようなレベルの活動を提供することが重要です。難しく考えず，教師が子どもたちと一緒に楽しく造形遊びをすることを目指してください。

簡単すぎるようなら「こんなこともできるよ」，難しくて困っていたら「これでもいいよ」と，子どもの立場になって「楽しい」が持続するように一緒に考えましょう。子どもができれば教師も楽しくなります。

「できた！」という達成感を積み重ねていくことで「次はもっとこうしてみよう」という工夫や探求心が生まれます。遊びが学びにつながり，より高度なものへと発展していくことで，造形的な技能や能力が育っていくのです。

## 造形遊びは図工の始まり

教師の指示ではなく造形遊びの中で身につけた技能や能力は，本当に自分のものになっています。だからこそ，同じような材料や用具を使った題材に出会ったときに，ごく自然にそれを活かすことができるのです。造形遊びは単なる「遊び」ではなく，図工の始まりだと感じています。

身につけたことは図工に留まらず，日常生活にも広がって行きます。手に取った物を「どう工夫しようか」「どんな道具が使えるだろうか」と進んで関わる姿が見られるようになります。そしてどんどんレベルが上がり，広がりと深まりのある造形活動へと発展していく大きな可能性をもっています。

造形遊び

## 題材 1 つんでならべて
### からだ全体を使って

時間：2時間　　時期：5月

 **題材のねらい　作り・作りかえ・作る**

　たくさんの箱や容器があったら，積んだり並べたりしたくなるのが1年生。ここでの活動は，箱や容器を積んだり並べたりするだけなのです。

　夢中で積んだり並べたりしているうちに，建物に見えたり道路に見えたり，公園や動物園に見えたりしてきます。

　箱や容器は接着していないので，何度でも積み直し，並べ替えることができます。

　箱や容器を触りながら，どれとどれを積めばいいのか。丸いものでも転がらないように，細長いものでも倒れないように並べるにはどうしたらいいのか。何度も何度も作り・作りかえ・作ることで，立体を捉える力が養われます。

 **材料と場の設定　身近な材料を教室で使う**

　箱，容器…入学当初から集め始める（右図参照）
　活動場所…教室（机や椅子を端に寄せ，真ん中を広く空ける）

　箱や容器はできるだけたくさんあった方がよいので，入学当初から児童に呼びかけて集めましょう。畳める箱は畳み，大きな箱の中に小さな箱を入れ子にして収納すると場所を取りません。

## 指導のポイント　やってみることに価値を見出す

　この題材では，できるだけたくさんの箱や容器を用意します。材料がたくさんあると，いろいろなものを作ることができます。

　自分の背丈より大きくなったり，隣で作っている子のところまで広がったり，夢中で並べているうちに教室の端まで行ったりします。

　たくさんの材料を組み合わせながら，手やからだ全体の感覚を使って作る楽しさは，普段ではなかなか味わうことはできません。

　作っていると，重ねると倒れそうになるもの，床に並べたときに転がってしまうもの，ゆらゆらして壊れるものもあるでしょう。立体には平らな面や曲がった面があり，平らな面を積むと作りやすいことを見つけます。実際にやってみて失敗しながら気づくことが大切なのです。

　片手で押さえながらではうまくできないものも，友達と協力すれば作れることもあります。一緒に作ると，やりたいことをことばにして伝え合ったり，アイデアを出し合って工夫したりできます。大きい小さい，丸い四角いなど造形的なことばを使うことにもつながります。

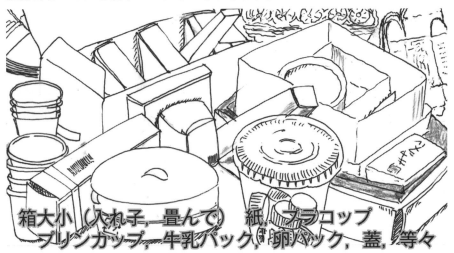

箱大小（入れ子，畳んで）　紙，プラコップ
プリンカップ，牛乳パック，卵パック，蓋，等々

## 授業の実際　教室はワンダーランド

### ①みんなで活動場所を作り準備しよう

机や椅子を全部端に移動するだけで，教室が日常とは違う空間に早変わり。それだけのことで「何が始まるのだろう」と，子どもたちはわくわくします。

どの子も活動のスペースが取りやすいように，フロアをざっくり班ごとに分けて活動場所にします。その周りに待機場所を決めて黒板に表示しておきます。

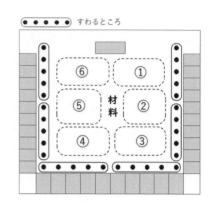

それから集めておいた箱や容器を全部教室の真ん中に出します。

みんなで箱を組み立てたり，入れ子にしていた箱を出したりして準備をします。箱の大きさや形を，目や手を使い確かめることができます。

### ②積んでみよう

準備ができたら「どこまで高く積めるかな？」と呼びかけます。積むだけの簡単な活動を促すことで，どの子も迷いなく動き出すことができます。3分ほどしたら，周りに座るよう促します。

みんなが積み重ねた箱を見渡せば，ビルが建ち並んでいるようにも見えるでしょう。「大きな箱を下の方に置くと，高く積めそうだ」と気づくかもしれません。

「箱は何回も使うのでそっと崩しましょう」と，初めの状態に戻します。

次は並べる活動です。積むのと同じような活動なので、子どもたちはすぐ動き出せるでしょう。3分ほどで待機場所に移動するのも同じです。

③自由に作ろう

「自由に作っていいよ」と言うと、子どもたちはわっと作り始めます。初めに作りたかったものから想像が膨らみ、遊びが広がって行くのが1年生の特徴です。「高速道路ができたよ」「車も走らせよう」。鑑賞と表現が相互に働きかけながらどんどん遊びが広がります。

子どもは作りながらつぶやいています。ことばにすることで、その子のもつイメージがより明確になります。子どもが「ワニが泳いでいるよ」と言えば、教師はそれに「細長い箱を斜めに並べているから、しっぽを動かしているみたいで気持ちよさそうね」と「ずこうのことば」をあてはめて意味付けをしながら褒めてあげましょう。

④できたできた！

時間が来たら終了です。周りから見て感じたことを発表します。ここでも発表に「ずこうのことば」を加えて褒めます。子どもの「あれは小学校だ」に、教師が「本当だ。白色の箱で3階建てですね」と付け加える感じです。そのうち「赤い箱を乗せた消防署」「同じ大きさの箱が並んでいて、電車みたい」と、1年生でも色や形などを意識して発表できるようになります。

⑤片付けもわくわくの時間

片付け場所は一目でわかるように表示しておきます。そして「箱や入れ物はまた使うから分けて入れましょう」と言うと、片付けも期待が膨らむ楽しい時間になります。

2章 いつでもにこにこ 楽しい図工授業の作り方 59

造形遊び

題材 2 ほうせきみたい
きらきら光を通して

時間：2時間　時期：7月

## 題材のねらい　光を通した美しさを感じる

　生活科の時間に作った朝顔の汁を，水で薄めて透明な容器に入れ，日のよく当たる場所に並べる活動です。
　水を足すと色が薄くなることを経験的に知っている子どもは多いと思いますが，「まほうのみず」（薄めた酢，重曹水）を加えることで，赤色や青色に変化する様子を見せると，子どもたちの目の色まで変わります。
　透明感のある色水がゆらゆら揺れて輝く様子や，それが地面などに映る様子に感動しながら，夢中になって並べていきます。色水がずらっと並ぶと，いつも見慣れた場所がおとぎの国に早変わりです。

## 材料・容器・場所

再利用　朝顔の汁，透明な容器
教　師　水が使える広い場所，薄めた酢，重曹水，ピペット
児　童　帽子，濡れてもよい服装（体操服），サンダル
　朝顔の汁や薄めた酢，重曹水の作り方や保存方法は，QRコードを読み取って動画でご覧ください。透明な容器は「つんでならべて」で集めた物に加えて，卵パックや小さいサイズのペットボトルもあるとよいでしょう。

60

## 指導のポイント　学習効果を高める他教科との連携

　色水を透明容器に入れて並べる造形遊びは，絵の具を使っても同じようにできますが，朝顔の汁で作った色水の方が格段に透き通っていて，光を通したときに美しさが引き立ちます。そして，何と言っても自分で育てた朝顔で，こんな造形遊びができるということが子どもたちをわくわくさせます。

　生活科の時間に咲き終わった朝顔の汁をしぼってから，この題材に取り組みます。1・2時間目を生活科，3・4時間目を図工にすると意識がつながり，活動時間も長く取ることができて効率的です。

　4時間続きで実施するのが難しい場合は，生活科で朝顔の汁を搾った後，なるべく間を空けずに取り組みます。

　絞り汁を薄めて色の濃淡を楽しむだけでなく，酸やアルカリを加えることで色の変化も楽しめます。

　朝顔を育てること，花の汁を搾ること，薄めて色水を作ること，酸とアルカリの「まほうのみず」で色が変わること，屋外で活動すること，並べた美しさを感じること，そのすべてが特別な体験として強く思い出に残ることでしょう。朝顔学習とつなぐことで生活科と図工の両方で学習効果が上がるのです。

　色の変化は，天然由来の色素を使ったリトマス試験紙とも関連があり，高学年の理科の学習にもつながっています。

注意：目を痛めるので，直接太陽にかざして見ないことを，
　　　必ず知らせておきましょう。

### 授業の実際　キラキラ輝いて魔法みたい

①屋外でのびのびと

　天気のよい日に，濡れてもよい服装で屋外に飛び出しましょう。靴下も脱いで裸足にサンダルを履きます。いつもと違う服装，いつもと違う場所。それだけで，子どもたちの気持ちが高揚します。生活科の続きで授業できるのなら，着替えも色水や容器を準備する時間も短縮することができ，活動時間を増やせます。

②透明な容器に入れて

　生活科の時間に絞った濃い朝顔の汁を，透明容器に少しずつ入れて水を加えます。水の量を調節することによって濃淡を楽しむことができます。様々な容器に濃さの違う色水を作って並べると，それだけで透き通ったグラデーションが美しいピンク系の影を地面に落とします。
　今度は薄めた酢，重曹水の「まほうのみず」をそれぞれピペットで1滴ずつ加えていきます。「色が変わるよ」「どんどん赤くなるよ」「こっちは青っぽくなるよ」と，子どもたちは大興奮。色のバリエーションが増えていきます。

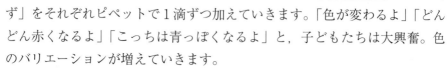

③並べて並べて

　「中庭のどこに持って行って並べてもいいよ」と言うと，子どもたちは容器を持ち，あちこち探し始めます。移動中にも，揺らめく色水の光と影が作る美しさに気づく子もいます。
　同じ場所を選んだ友達と協力してもよいこと，途中で並べ方を変えたり並

べる場所を変えたりしてもよいことを知らせましょう。グループで並べると容器の数が増え，並べ方のバリエーションが豊富になります。

教師は，子どもたちが夢中でいろいろな並べ方を試す様子を短い動画で記録し，どう変化していったか後で振り返ることができるようにしておきましょう。

### ④光の国の探検隊

チャイムの鳴る20分前ぐらいには，並べるのをやめます。「もう少しやりたかったな」と，子どもたちが思う位が調度いいです。

「光の国の探検隊」になって自由に見に行く時間を取りましょう。実際に目にするキラキラ輝く様子は写真では伝えきれません。

その後で集合し，「ずこうのことば」カードを見せてから見つけたよさを発表します。「色の濃い順番に並べていたのがきれいだったよ」「階段に光が映ってお城みたいに見えたよ」というように発表できたらしっかり褒めましょう。後日，写真と発表内容を教室に掲示すると，思い出が蘇ります。

### ⑤水やりしながらお片付け

「この水どうしよう？」と声をかけると，たいてい「水やりに使ったらどうかな」という答えが返ってきます。酸性とアルカリ性があるので，混ぜてから植木の根元にかけます。「お花がびっくりするから，赤い色水と青い色水を混ぜてから水やりをしてね」というと，「うわあ，また色がかわったよ」と，そこでも驚きの声が上がります。

空になった容器の置き場所を示しておきましょう。また次の工作に使います。水や材料も，無駄なく最後まで使い切る感覚を身につけたいものです。

造形遊び

## 題材 3　なににみえるかな
### 切った形から発想して

時間：2時間　　時期：9月

### 題材のねらい　想像力を働かせる

　形をじっくり観察し「見立て」をすることは，想像力を働かせ，自分だけのアイデアを生み出す力を養います。
　ここでは「おってたたせて」で切り取った画用紙を材料に使います。
　大きければ1枚でいいし，小さければ何枚かを組み合わせるのもいいでしょう。
　それが何の形に見えるかを考えます。本当にあるものでも自分が想像したものでも，何でもいいのです。見立てたら付け足したり，重ねて貼ったりしてどんどん想像を膨らませていきます。生き物かもしれないし，乗り物かもしれません。子どもたちの自由な発想をすべて受け止め，褒めましょう。

### 材料と用具

再利用　画用紙の切れ端（「おってたたせて」の残り）
教　師　画用紙の切れ端を入れるカゴ（班の数），のり付け紙（裏紙）
児　童　液体のり，はさみ

　再利用できるような画用紙の切れ端がない場合は，はがきぐらいの大きさの画用紙をいろいろな形に切って用意しておきましょう。

## 指導のポイント　切った紙の形を何かに見立てる

　紙の切れ端を「何に見立てるか」が，制作に取りかかるためのポイントです。

　発想が膨らみやすいように，適当に切り取った紙を見せて，何に見えるかをみんなが発表する時間を取ります。

　何に見えるかと問われても，初めは戸惑う子がたくさんいます。1人が「鳥の頭みたい」と口火を切れば，後はどんどんいろいろな見方が出てきます。出にくい場合は，まずは教師が「私は，ここがくちばしでペンギンっぽく見えるよ」と示しましょう。

　向きを変えたり裏返したりすると違ったものに見えてきます。出た意見を黒板に書いていきましょう。同じものでも見え方が違っているということがわかります。

　こうして「見立て」の練習をしておくと，子どもたちは自由に発想して，スムーズに制作に入ることができます。

　作り始めると，子どもたちは夢中になり，どんどん想像を広げていきます。そのすべてを認め，自由に発想することの楽しさを十分に味わえるようにしましょう。

　できた作品は，廊下や教室に展示するだけでなく，版画絵の具をつけて写し取る制作にも使えます。写し取る題材に活用するなら，画用紙を折ったり丸めたりして貼ることはせずに，平面作品として仕上げましょう。

2章　いつでもにこにこ　楽しい図工授業の作り方　65

**授業の実際　どんどん形が見えてきた**

①形から発想する練習をする

　4人班になり，いきなり「この形は何に見えますか？」と問いかけます。子どもたちは戸惑いますが，「この形，何かに似ていないかな？」と聞くと「あっ，なんだか鳥っぽい」とか「横にすると船みたい」などと，何人かが言い始めます。すると，他の子どもたちも想像が膨らみ出します。

　紙を黒板に貼って，子どもから出てきたことばを書いていくと，同じ形でも見え方が違っているということに気がつきます。

　そこで「今日はいろいろな形に切った紙を見て，何ができるか考え，想像してみましょう」と，めあてを知らせます。その後で初めに見せた形から作った参考作品を見せましょう。

②見立てた形から作る

　いろいろな形に切られた紙が入ったかごを班の真ん中に置き，その中から「どれがいいかな」「何に見えるかな」と子どもに1枚選んでもらいます。

　その紙に，かごの中に残っている色画用紙をどんどん付け足して貼っていきます。そのまま組み合わせても，一部を切り取って貼ってもいいです。途中でイメージが変わってもかまいません。

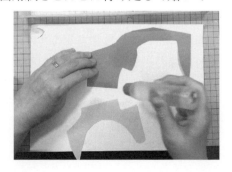

　液体のりは薄く端まで付けます。のり付け紙を用意しておき，その上で付けるようにしましょう。

③完成したら
　できあがったなと自分が思ったら完成です。裏に出席番号と名前を書きます。大きい切れ端はまだまだ工作で使えるのでかごの中に入れ，小さな切りくずは捨てます。そこまで終わったら，白帽になってアシスタントをします。班全員が白帽になったら，かごを片付けます。

④鑑賞会をする
　順番に自分の作った作品について発表します。そのとき初めに「見立て」をした形がどれで，そこからどうやって作っていったかという順で話します。うまくできたところや，苦労したことなどを，できるだけ「ずこうのことば」を使って発表します。発表の様子は，お互いにタブレットで撮影しましょう。お互いの表現のよさを褒め合うこともできるといいです。班の鑑賞会が終わったら，他の班のところに静かに見に行ってもかまいません。時間にゆとりがあれば，全体に発表する時間も取りましょう。

※簡単アレンジ
　ここでは作った作品を「うつしてうつして」で再利用するために，色画用紙を貼り合わせて制作した授業の例を取り上げました。
　再利用しない場合は，色画用紙に加え，オイルパステルを使って描き込むと，より簡単にイメージを色や模様で表すことができます。

2章　いつでもにこにこ　楽しい図工授業の作り方

造形遊び

## 題材 4　ぽとぽといろいろ
### ピペットで垂らして

時間：2時間　　時期：11月

 **題材のねらい　絵の具でできる色や形を楽しむ**

ピペットを使って水溶き絵の具を紙に垂らし，その紙を傾けたり，絵の具を手で伸ばしたりする活動です。垂らした絵の具が様々に形を変え，混ざり合って新しい色ができます。はがき大の画用紙を何枚も使ったり，四つ切りサイズの大きな画用紙を使ったりすることで，のびのびと制作活動が楽しめます。何度も繰り返し絵の具を垂らしたり，形を作ったりしている間に，混色の効果に気づいたり，様々な表現方法を見つけたりすることでしょう。

 **材料と用具**

教師　画用紙（はがき大1人4〜6枚，四つ切り1人2枚）
　　　共同絵の具（黄，赤，青），蓋付きプラコップ
　　　ピペット，ペットボトル500ml，無地新聞紙
　　　B4コピー用紙（裏紙），絵画乾燥棚
児童　スモック，ウェットティッシュ

共同絵の具は黄色は5倍，赤と青は10〜20倍程に薄めて，ペットボトルに入れておきます。輪にしたセロテープで蓋をプラコップの下に止めておくと倒れにくくなります。詳しくは，QRコードを読み取ってご覧ください。

68

**指導のポイント　何度も繰り返す**

　1年生に「黄色と青色を混ぜると何色かな？」と聞いてみると「ピンク」「紫」「虹色」等，意外な色が出てきて驚かされます。色を混ぜたことや意図せずに混ざった経験はあるはずなのですが，覚えていないのです。

　ここでは，はがき大や四つ切りサイズ画用紙の上に，4色の中から好きな色の絵の具をピペットで垂らします。絵の具だまりを指でつないだり，紙の端を持ち上げ，流れる絵の具の模様を楽しんだりします。

　その途中で，混ざり合って新しい色ができていく様子を「緑になった」など，ことばにする子が現れます。その子を褒めると，他の子どもたちも色の変化に着目するようになります。

　表現方法は1つではありません。絵の具を吹いて広げたり，指でスタンプのように押したりすることもできます。子どもは，教師が思いも寄らない表現方法を見つけることがあるので，その都度称賛してクラス全体に広げましょう。

　活動が進むと，色や模様がどんどん変わって，色が混じり合っていきます。

　色は重ねるたびに濁っていきます。余白の部分はなくなり，美しかった模様も上から重ねて描くと見えなくなってしまいます。途中で止めたくなりますが，思う存分活動させてあげましょう。「混ぜすぎたな」と，子ども自身に気づかせることが大切だからです。

　画用紙は何枚も用意しておくと，いろいろなやり方を試すことができます。子どもは色を混ぜることを楽しみながら，混ぜてできる色や様々な技法，余白の残し方を知り，慣れていくことでしょう。

## 授業の実際　いろいろ絵の具で楽しい世界

①準備をしよう

　汚れを気にせず作業ができるようにスモックを着たら，セロテープ，プラコップ，無地新聞，はがき大の画用紙，コピー用紙を自分の班に持って行きます。プラコップの裏にセロテープで蓋を貼り付けられたら，絵の具を教卓に取りに行きます。

②試してみよう

　はがき大の画用紙4枚のすべてに，番号と名前を書きます。ピペットは準備ができてから配ります。先に配ると，どうしても触りたくなります。
　1枚目は1色で練習をします。他の友達と使いたい色が重なった場合は，譲り合って使います。そして，画用紙を揺すったり傾けたり指で絵の具を広げたりします。無地新聞を敷いているので，絵の具が落ちても気にしなくてかまいません。できたらみんなで見せ合います。友達の作品を見ることで表現の幅が広がります。2枚目は2色選んで垂らします。色の混ざり合ったところで新しい色ができることに気がつくでしょう。偶然混じり合ってできた色や模様をことばにしている子を見つけて紹介しましょう。他の子どもたちも色や形を意識するようになります。

③自由にぽとぽといろいろ

　後は自由に画用紙に色や模様を付けていきます。4枚ともできたらB4コピー用紙に乗せて絵画乾燥棚で乾かします。余分の画用紙を用意しておき，何度でもやり直せるようにすると，楽しみながらどんどん配色や模様の作り方に慣れていきます。

④四つ切画用紙でやってみよう

　今度は，はがきの10倍以上もある四つ切り画用紙を使います。大きな紙に子どもたちの意欲がそそられます。番号と名前を書いてから始めます。紙の大きさは違っても，やり方は同じなので，どんどん垂らして描き始めます。ためらいがちにしている子も，1滴目を垂らすと，面白くなって夢中になっていきます。

　絵の具を垂らしすぎたり混ぜすぎたりして，せっかくできた色や模様が見えなくなってしまったことを思い出させましょう。どのくらいでやめればいいかを意識するきっかけになります。子どもが「これでいい」と思ったら完成です。絵画乾燥棚に持って行きます。四つ切り画用紙は2枚使います。2枚ともできたら白帽をかぶり，余分のはがき大の画用紙に絵の具を使って，時間いっぱい描きます。

⑤てきぱき片付け

　15分前になったら，画用紙はすべて乾燥棚に持って行きます。絵の具を流してコップとピペットを洗ったら，蓋とセロテープを取り外し，並べて乾かしましょう。机を元に戻し着替えまで終わったら片付け終了です。

　みんなで協力すれば，1年生でも15分位でできるようになります。1学期にこの題材を行うなら，片付けには20分位は必要でしょう。

⑥次の作品の素材として活かす

　ここで描いた画用紙は，「うつしてうつして」の背景として再利用します。他の題材の材料としても使えます。造形遊びでできた作品とは呼べないものも，背景や材料として使えば時間をかけた感じのよい作品になります。

2章　いつでもにこにこ　楽しい図工授業の作り方　71

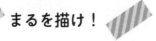

# 絵は勢いで描け！
―― 自分のペースで描こう ――

 **まるを描け！**

　1年生の中には失敗を恐れてなかなか描き始められない子がいます。
　初めての授業は，思いっきりまるを描くことから始めましょう。同じように描いても1つとして同じまるはありません。「大きいね」「太い線だね」歪んでいても「動きそうだね」と，形や線の太さなど，造形的な視点から褒めましょう。自分が褒められるのはもちろん，みんなが褒められているのを見ることも「どんなふうに描いてもいい」という安心感が生まれます。

 **描き始めはピンポイント**

　自分が描きたいものを描くときは，一番描きたいところをピンポイントで決め，「まる」を描いたときのように思い切りよく描いていきます。初めは集中していますから，細部までしっかり捉えた描写になります。

　1年生の集中力はそれほど長くは続きません。描き進めるにつれて線の勢いが弱まり，細部も曖昧な表現になっていきます。けれどもその方が，一番描きたかったものが目を引く，印象的な絵になります。

## 全部塗らなくていい

　子どもの絵には線描画のままで色を塗ってなかったり，白いところが広く残っていたりするものがあります。
　全部塗るべきというこだわりは捨てましょう。余白を残すことで描きたいものが際立つことがあります。

## 完成は自分で決める

　自分が納得するまで描いたら完成です。早くできた子には，少し離れたところからもう一度作品全体を見せて，もっと描きたいところはないかを尋ねます。その子が「これで満足だ」と言えば作品は完成です。
　もちろん，時間をかけて丁寧に描くことも認めます。完成した絵は，磁石クリップで黒板に貼るか，絵画乾燥棚で乾かしましょう。

## アシスタント方式で学び合い

　全員が図工の時間内に作品を完成させるには「アシスタント方式」が効果的です。早くできた子が制作中の友達を手伝います。
　制作者の意図を聞いて手伝うのがアシスタントです。アドバイスするのはOKですが，自分の好きなように描いたり塗ったりしてはいけません。
　最初にアシスタントになった子が手伝う様子をみんなに見せると，何をすればいいかがよくわかります。制作者は早く仕上がり，アシスタントは描き方をすぐ横で学ぶことができる，学び合いの好循環が生まれます。

絵

題材 1　まるのへんしん
思い切り描く

時間：2時間　　時期：4月

##  題材のねらい　「まる」から始める

　自分の好きな色で「まる」を描き，付け足して「まる」を変身させる。
　絵が苦手な子も「まる」を描くことなら，描き始めに時間がかかることがありません。また，同じように描いてもどれ1つ同じ「まる」はありません。
　どんな「まる」も，そこからできた絵もその子にしかできない表現です。
　この題材では，「これならできる」「これがいいんだ」と，図工の楽しさや自由さに気づいてもらうことをねらいにしています。

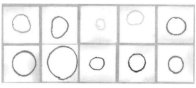

##  材料と用具

教師　画用紙…27cm×27cm（八つ切り画用紙を正方形に切った大きさ）
児童　オイルパステル，ポケットティッシュ

　縦横を気にせず活動に入れるよう，画用紙は正方形に切りますが，八つ切りそのままでもかまいません。
　ティッシュペーパーは，指やパスの先の汚れを拭き取るために使います。毎回，片付けのときにパスの先の汚れを取っておくと，気持ちよく使えます。

**指導のポイント 「想像する」が楽しい**

　初めての授業ですから，ここで「図工って楽しい」「わくわくする」「来週が待ち遠しい」と，感じてもらえれば大成功です。

　「まる」は型にはめるためのものではありません。絵を描き始めるきっかけです。「まる」から想像を膨らませることは，大人の方が難しいかもしれません。石ころや空き缶がいろいろなものに見える子どもたちには当たり前のことなのです。

　ここからどう描いていくかは，1年生の想像力に委ねます。

　丸い顔から直接手や足が生えていてもいいのです。1年生のこの時期だけにしか描けない絵があります。

　「好き」という気持ちをもつことができれば，休み時間や家でも絵を描くようになります。楽しみながら繰り返すことで技能も飛躍的に向上します。

　準備や片付けも，1年生は新しいことには興味津々なので身につけるチャンスです。

①クレヨンは描く直前に出します。
②出したら手は膝に置きます。
③使い終わったらすぐしまいます。

　できている子を褒め，それを見てできた子も褒めましょう。この時期には1つずつできたことを褒めながら進めると達成感につながり，どんどん身につきます。初めは丁寧に時間をかけて教えますが，だんだん慣れて当たり前にできるようになります。準備や片付けが速くなれば，制作にかける時間をしっかり確保できます。

　教師も子どもも楽しい授業こそが，感性豊かな造形活動の原動力となります。簡単なことから始め，もっといろいろなことがしたいと創造意欲をかき立てる。そんな授業の第一歩を踏み出したいものです。

## 授業の実際　まるがへんしんしていくよ

①まるを描こう

　「好きな色を選びましょう」「まるを1つ描きましょう」と，1つ1つ丁寧に，動作を付けて指示を出します。ことばだけでは伝わりにくいことも目で見てわかるようにすると，より伝わりやすくなります。ここでは教師が大きく手を回すことで，子どもたちに「大きなまるを1つ描く」と伝えます。

　同じように描いても，色や大きさ，形など，それぞれかなり違う「まる」ができます。小さい「まる」も，端の方に描いた「まる」も，全部「いい『まる』ができたね」と受け入れましょう。子どもはそれだけで安心して嬉しくなります。

②何に見えるかな

　教師の描いた「まる」を見せながら「何に見えますか」と問いかけます。

　すると「おひさま」「風船」「りんご」など，答えがどんどん返ってきます。1年生には本当にそう見えているのです。思いつかなかった子も，それを聞いてなるほどと気づくことができます。

　「まる」は3種類ほど用意しておき，こんどは線を描き足します。少し描き足すだけで，子どもたちの想像はぐっと膨らみます。

③まるを変身させよう

　思いついたら，どんどん描き足していきます。困っている子には，周りの友達を見たり教師の作品を真似たりしてもいいことを伝えます。

「色を塗ってもいい？」「周りに違うものを描いてもいい？」全体に関わることを尋ねる子がいたら，そのつど聞く態勢を作り，みんなにも知らせます。

安心してのびのびと制作ができるようたいていのことは認めましょう。ただし，手は途中で洗いに行きません。水気が残ると画用紙が傷みます。図工は作品を汚さないことが一番大切です。ティッシュで指先を拭けば，画用紙に汚れはほとんど付きません。

## ④完成は自分で決める

授業終了時刻までに片付けと鑑賞を済ませるために，終わりの時刻は決めておきます。初めの頃は20分前に終わりの時刻を設定します。算数用時計盤を使い「○じ○ふん」と黒板に表示しておくと途中で確かめられます。

早くできた子には，全体を見て付け足したいところがないかなどを聞きます。その子が満足だと言えば，時間が来ていなくても制作は終了です。

熱心に描き込んでいると時間が足りなくなる子もいます。その場合には⑤きいてきいての活動に入っても制作を続けることを認めましょう。次の授業準備に間に合わなくなる場合は，教師が切りのいいところで止めます。

## ⑤きいてきいて

片付けができた子から「まるが何に変身しましたか」と問いかけます。

今回は初めてなので「○○です」と描いたものが言えれば十分です。

「赤色だからトマトを描きました」「先が細いからロケットにしました」と色や形などに触れることができたら大いに称賛しましょう。他の子どももどんどん真似て，造形的な視点から作品を見たり制作したりできるようになります。

2章　いつでもにこにこ　楽しい図工授業の作り方　77

絵

## 題材 2 えのぐとなかよし
### シャツの色を塗ろう

時間：4時間　　時期：5・6月

### 題材のねらい　絵の具セットの使い方に慣れる

　新品の絵の具セットを手にして「どんなことをするのかな」とわくわくドキドキ。子どもたちは，初めての道具に興味津々です。使い方の指導は最初が肝心。ここでは，子どもたちが新しい絵の具セットに興味をもっている間に，出し入れや準備，片付け，簡単な使い方について1つ1つ丁寧に教え，慣れていくようにしましょう。初めに習ったことは上の学年になっても役立ちます。

### 材料と用具

教師　四つ切画用紙を切ったもの2枚（右図）
　　　無地新聞紙，絵画乾燥棚
児童　オイルパステル，絵の具セット
　絵の具セットの内容については，個人の用具24ページをご覧ください。

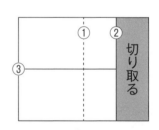

　四つ切画用紙の準備は右上の図に示しました。まず真ん中の①の所で折ります。ここがシャツのそでの目印になるので，折り目を付けてください。その半分の②のところで切り取ります。切り取った画用紙は工作の材料になるのでとっておきます。最後に③のところで2つに切り分けます。

## 指導のポイント　絵の具の使い方は１つ１つ丁寧に

　低学年で扱うことになっている共同絵の具は，造形遊びや型押し遊びなどの大がかりな活動で活躍します。けれども個人で絵を描くときには，やはり自分用の絵の具セットを使う方が便利です。

　絵の具は準備や片付けが大変ですが，自分だけの絵の具セットは，やる気いっぱいの１年生なら，基本を身につけるのにぴったりです。

　手順がわかりやすいように絵や文章で表示したり，動画を使ったりして，子どもたちが視覚的に確かめながら作業できるようにします。

　机の上の配置図，準備，使い方，片付けの手順は，一目でわかる掲示物を作っておくと，さっと黒板に貼ることができます。

　実際に使うときは，絵の具セットを取りに行くところから１つ１つ手順を追って丁寧に教えます。

　１年生で教える，絵の具の準備，使い方，片付けのポイントは授業の進め方の中で簡単に触れますが，詳しくは，QRコードを読み取ってご覧ください。

　やることや覚えることがたくさんあるので，失敗もします。友達同士教え合ったり助け合ったりしながら，徐々に慣れていければよいのです。不安そうな子には「だんだん慣れていくから大丈夫」と声をかけ，安心させてあげましょう。

　最初に最低限必要な使い方を身につけておくと，３年生になるまで絵の具セットをきれいな状態に保つことができます。基本的なことが身についているので混色指導にもスムーズに入ることができます。

2章　いつでもにこにこ　楽しい図工授業の作り方　79

## 授業の実際　第1次　絵の具はこうやって使う

※事前準備

　絵の具セットは授業開始までに配り，机の横に吊るしておきます。机の上には無地新聞を敷いておきます。

①画用紙にパスで線を描く

　まず細長く切った画用紙を2枚配り，裏に番号と名前を書きます。パスで縞模様などの線を描きます。力を入れて強く線を描くことが大切です。

②絵の具の準備

　手順がわかる図を1つずつ貼りながら絵の具の準備をします。

(1)　使いやすい並べ方

　道具が使いやすい動線上に並ぶように置きます。左手で塗る場合は左右逆向きになります。

(2)　水汲み6秒，指1本

　大きい部屋は3秒，小さい部屋は1秒ずつ，6秒数えながら水を汲み，終わったら蛇口を閉めます。底から指1本分の量で十分です。

③1枚目に色を塗る

(1)　1色選ぶ

　絵の具セットの中から，パスで描いた線に似合うと思う色を1色選びます。

(2)　絵の具は米1粒

　絵の具は出し過ぎると戻せません。チューブの先をパレットに当てて米1粒押し出します。

(3) ピペットで水を足す

　先を水につけたまま，摘まんで手を離すと水を吸い上げるところから教えます。先を下に向けたままパレットの上まで持って行き，1滴ずつ10円玉くらいの大きさになるまで水を垂らします。

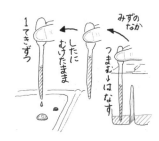

(4) 筆を立ててなでるように

　絵の具と水を混ぜたら，筆を立ててなでるように塗っていくと，パスで描いた線が浮き上がってきます。下に敷いた無地新聞のところまではみ出すように，白いところを残さず塗りましょう。水たまりができたら，ティッシュで軽く押さえます。

④塗り終わったら

(1) 筆とパレットをきれいに

　水入れの一番大きな部屋で筆を洗い，パレットに残っている絵の具をなでてきれいにします。その後，大きな部屋，自分に近い方の小さい部屋，真ん中の小さい部屋の順に筆を洗って置きます。パレットに残っている汚れはティッシュで拭き取るときれいになります。

(2) 次の準備

　絵は絵画乾燥棚に置き，2枚目の画用紙を出します。

⑤2枚目を塗ろう

　2枚目は2色で塗り分けます。色の組み合わせを考えて，塗りたい色を2つ決めます。

(1) 1色目を塗る

　まず，1色だけ出します。

2章　いつでもにこにこ　楽しい図工授業の作り方　81

塗り方は1枚目と同じです。違いは別の色で塗りたいところを白く残しておくことです。塗り終わったら，パレットと筆をきれいにします。

(2) 2色目を塗る

1色目と同じようにして，白く残していた部分を塗っていきます。全部塗れたら，パレットと筆をきれいにし，作品は絵画乾燥棚に持って行きます。

⑥片付けをする

(1) バッグに入れる

ピペットは水気をティッシュで拭き取り，パレットと絵の具，ティッシュはそのままバッグに入れます。

ティッシュが少なくなっていれば次回までに補充します。

(2) 乾かす

筆はピペットが入っていた部屋のきれいな水で洗い，水気をティッシュで拭き取ります。水入れは一旦水を全部捨ててから6秒で水を入れ，軽く揺すって汚れを落として水を捨てます。筆の先を上に向けて小さな部屋に挿し，風通しのよいところに並べて乾かして片付けましょう。

※この方法のお勧めポイント

「水入れ6秒」「絵の具は米粒1粒」「パレットはティッシュで拭くだけ」を徹底して繰り返し教えると，1年生の終わりにはすっかり慣れて，教師も子どもも絵の具を使った授業がスムーズにできるようになります。

高学年でも必要なことなので，私は2年生以降でも教えています。

## 第2次　オリジナルのシャツ作り

### ①説明通りに作ろう

1つ目は説明を聞きながら，みんな一緒に作りましょう。まず画用紙の折り目の部分で切り離します。それを半分に折って真ん中で切り，そでにします。えりになるところは，右図のように印をつけ，切り込みを入れたら折り返します。肩の部分に裏からのりをつけ，そでを貼ったらできあがりです。

2つ目は自分で作ります。わからないときは友達で教え合うといいです。

### ②シャツに名前を付けよう

シャツができたら題名を付けます。どんなときに着たいシャツか？　どんな人が着ているシャツなのか？　色や模様からイメージを膨らませます。それを名札に丁寧に書いて貼り付ければ完成です。

### ③鑑賞会をしよう

シャツは2つできますから，お気に入りの方を，隣の友達と紹介し合います。黒板に「ずこうのことば」を貼って，使ってみるよう呼びかけましょう。教師が1人2役でやり方を見せると，イメージがつかみやすくなります。

「ずこうのことば」を使って紹介し合っているペアを見つけたら，前に出て発表してもらいましょう。そのとき，どれが「ずこうのことば」かを，教師がカードで示します。やり方がわかれば，他の子どもたちも色や形などの造形的な視点で作品を見て，ことばで伝え合うことを楽しむようになっていきます。

2章　いつでもにこにこ　楽しい図工授業の作り方　83

## 絵

**題材 3　なかよしポスター**
絵にことばを添える

時間：4時間　　時期：6月

### 題材のねらい　顔を写実的に描こう

　この題材では友達の笑顔をよく見て，見えた通りに描きます。

　人の顔を描くのはなかなか難しいものです。ここでは1年生でも取り組みやすい描き方の例を教えます。全体の構図よりも個々のパーツの形を捉えることを大切にして描いていきます。今まで描いてきた人物画とはかなり異なる絵になります。「こうやって，よく見て描いていくとどんどん上手になるよ」と，頑張りを褒めると1年生は素直に喜びます。

　ここに文字を入れてポスターにします。学習指導要領にはポスターの描き方は載っていませんが，夏休みの宿題に作品募集のポスターを加えるなら教えておくべきだと思います。

### 材料と用具

教師　四つ切り画用紙，無地新聞紙，9cm角の画用紙1人4枚，絵画乾燥棚
児童　オイルパステル，ポケットティッシュ，絵の具セット
　　　はさみ，液体のり

　9cm角に切った画用紙は，ポスターに入れる「な・か・よ・し」の文字を書くのに使います。失敗する場合もあるので余分に用意しておきます。

## 指導のポイント　顔のパーツに注目して描く

　1年生は人の顔を抽象的に捉えています。「顔を描きましょう」と言うと，たいてい自分の描き慣れた方法で適当に描きます。

　今回は友達の笑顔をタブレットで撮影してから描きます。「笑っているのが一番よくわかるところはどこかな」と問いかけ，そこから描き始めます。右目だけとか唇だけといった具合に一つずつのパーツの形を大切に描いていきます。顔の輪郭や頭の部分は最後に描きます。

　そうすると今まで線だけで描いていた目が，三日月のような形の中に目玉があったり，上唇や下唇，白い歯が見えていたりといった具合に写実的な絵になります。

　もちろん，そっくりに描くことはできません。全体的に見るとバランスが崩れた感じにできあがることがしばしばあります。

　絵を見るだけで，自然とみんなの笑いを誘います。どの子の絵も今しか描けない表現です。特にいきいきと描かれているパーツをしっかり褒め「みんなを笑顔にする，楽しくて素晴らしい絵です」と，価値付けをすることで，子どもは，自信をもつことができます。

**授業の実際　にこにこ笑顔がいっぱい**

①友達の笑顔を描くよ

　学級づくりの一環として，日頃から笑顔で声をかけたり譲り合ったりしている場面を見つけしっかり褒めましょう。そして「みんななかよしになって，笑顔がいっぱいになったね」と言って，今日はその友達の笑顔をよく見て描くことを伝えます。

②笑顔をタブレットで撮ろう

　自分のタブレットで，友達の笑顔の写真を何枚も撮ります。その中から，一番いい笑顔を1枚選びます。

③1つ1つよく見て描こう

　四つ切画用紙を配ったら，まず裏に出席番号と名前を書きます。

　今回は絵の具で色を塗るので黒のパスで輪郭線を描きます。笑っている顔の特徴が一番出ていると思うところを見つけて描き始めます。そのとき，目の形や目玉の位置，上唇や下唇，歯1本1本，写真をよく見て，できるだけ同じように描くように言いましょう。よく見て描き始めている子の作品を見せると，みんなも描き始めやすくなります。

　眉毛，目，鼻，口のパーツが描けたら，顔の輪郭線と頭の部分を描きます。これも，写真をよく見て描くと，頭頂部が平らになる子が減ります。1人目が描けたらタブレットで別の子の写真を選び，同じように顔のパーツから描いていきます。

「なかよし」がテーマなので、時間いっぱい何人も描きます。たくさん描いていると，後の方の顔はいつも描いている描き方になるかもしれません。それでもかまいません。今回は1人でも，目の形や鼻の形，唇の形などに気をつけて描くということができればよいと思います。

④文字を作ろう

「な・か・よ・し」の文字は9cm角に切った画用紙に1文字ずつ大きく書きます。書けたら文字のふちを丁寧になぞって太く肉付けをします。まずは簡単な「し」からやってみます。うまくできたら他の文字もします。うまくできない場合は，できている子のところに見に行くと学び合いができます。先にできた子がアシスタントになって残りの字を太くするのを手伝います。

太くできたら，文字の周りに白い部分を少し残して切り取ります。これが難しいところです。鉛筆を机の上に置き上から握って力が入らないように薄く切り取る線を描きます。

うまく描けない場合は，友達に助けてもらったり，教師が助けたりしましょう。

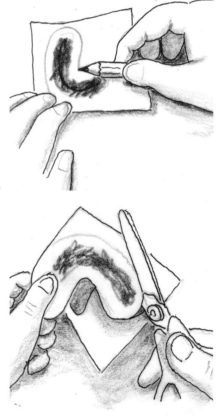

2章　いつでもにこにこ　楽しい図工授業の作り方　87

⑤絵の具の準備

四つ切り画用紙を使う場合は机の上が画用紙でいっぱいになってしまいます。パレットとポケットティッシュは机の上、水入れと筆、ピペットは机のすぐ横に、絵の具は絵の具セットのバッグに入れて机の横に吊るします。

⑥顔を絵の具で塗る

顔は茶色を薄めて塗っていきます。茶色は赤と黄色に青が少し混ざった色です。薄めると肌の色に近くなります。茶色を米粒1粒分位出したら、たっぷりの水で薄めて顔全体に塗ります。このとき、色が濃すぎたら隣の部屋に水を出して、そこで薄めて塗ってください。全員の顔を同じように塗っていきます。唇や口の中も塗ります。歯は塗りません。絵の具が足りなくなってきたら水を足します。そうすると色白の子どもになります。残った絵の具で「顔の中で色の濃いところはどこかな」と聞きながら、影の部分や鼻の横の筋などに重ね塗りしていきましょう。

頬と唇、口の中の赤っぽい部分は、朱色または赤色をほんのちょっと出し、たっぷりの水で伸ばして肌の色の上に薄く重ねるように塗っていきます。最後に筆をよく洗い、パレットに残っている絵の具をきれいに拭き取ります。

⑦背景を絵の具で塗る

　顔が塗れたら，周りに塗る色を決めます。何色でもかまいませんが，好きな色ではなく顔や文字が引き立つ色を選びましょう。たっぷりの水で薄めて周りに塗ったら絵は完成です。絵画乾燥棚に持って行き，乾かします。

　パレットの絵の具を拭き取り，水入れをすすいで片付けます。

⑧文字を貼る

　文字は絵が乾いてから貼ります。多少顔に重なってもいいので，読みやすいところはどこかを考えて貼ります。ポスターは，まず伝えたいことを絵に描き，その上にことばを配置するという順で描くよう教えましょう。

　時間内に貼れないので，絵が乾いてから時間が取れるときに貼ります。

⑨家庭に周知する

```
ポスターの描き方例
①伝えたいことがわかる絵
　をクレヨンで描く。
②絵の具で色を塗る。(肌
　の色は茶色を薄めて塗
　る)
③背景を塗る。
④別の紙に文字を書いて貼
　る。
```
例　滝野めいさんの作品

　夏休みにポスターを描く宿題を出すとき，1学期に取り組んだ描き方がわかる手紙を添えましょう。

　「なかよしポスター」の中から，児童や保護者の了解を得て参考作品として載せると，子どもも描き方を思い出し，お家の人にも伝わりやすくなります。

2章　いつでもにこにこ　楽しい図工授業の作り方

絵

## 題材 4 せんといろのハーモニー
自由な線を活かす

時間：4時間　時期：9月

###  題材のねらい　線と色の組み合わせを楽しむ

　オイルパステルと絵の具を使って線と色の作り出すハーモニーを楽しみます。

　自由に一筆描きをしたパスの線の形を見て，そこに思いつくまま，いろいろな模様を描き足します。

　模様を描くこと自体を楽しむ子もいれば，描いているうちに何かに見えてくる子もいるでしょう。

　パスで描き終わったら，絵の具で彩色していきます。絵の具にたっぷり水を加え，バチックという技法で，パスで描いた模様がくっきりと浮かび上がるように塗っていきます。

　パスと絵の具の鮮やかな色が子どもたちの制作意欲を高め，1年生らしい楽しい作品ができることでしょう。

###  材料と用具

教師　四つ切り画用紙，A3コピー用紙，無地新聞紙，絵画乾燥棚
児童　オイルパステル，ポケットティッシュ，絵の具セット

90

## 指導のポイント　一筆描きをしっかりと

　オイルパステルの線と絵の具の色が美しいハーモニーを作り出すためには，パスの線をしっかりと濃く描くことが必要です。

　一筆描きの線は，画用紙の端から描き始め，パスをしっかり押し付けて描き，最後は画用紙の端に出て終わります。

　この線がためらいなくしっかりと描けるよう，Ａ３コピー用紙で練習をしましょう。

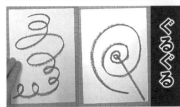

　参考になるよう，ぐにゃぐにゃ，ぐるぐる，ジグザク等，数種類の線の例を黒板に貼っておき，ゆっくり力を入れて描くよう伝えます。

　１分ほどで描けるので，教師が黒板で師範するとよいでしょう。

　一度練習しておけば，思い切って画用紙に描くことができます。

　次は好きな色で模様を描いていきます。縞模様や曲線，てんてんやジグザグなどの模様も思いつくまま自由に描きます。

　「初めに描いた線のように，濃く描きましょう」と声をかければくっきりとした模様になり，絵の具で塗ったとき，線や模様が見えなくなってしまうことがなくなります。

2章　いつでもにこにこ　楽しい図工授業の作り方　91

## 授業の実際　線が変身していくよ

### ①一筆描きってどうやるの

　一筆描きと言っても，子どもたちはどんなふうに描いたらよいのかわかりません。

　まずは，教師が黒板に貼ったＡ３コピー用紙に実際に描いて見せます。すぐ横に数種類の見本を貼り，「ぐにゃぐにゃ，ぐるぐる，ジグザグ」と声に出しながら描く

と，絵とことばの両方から描き方を理解することができます。「ギュッと押しつけて」と言いながらゆっくり描くことも意識付けましょう。

### ②オイルパスで一筆描き

　次に，子どもたちが練習します。淡い色のパスを１本選んだら，描き始めの場所を決めます。「始めましょう」の合図でゆっくりしっかり描いていきます。描く時間は１分ほどにします。時間が来たら用紙の端から外に出て終わりです。

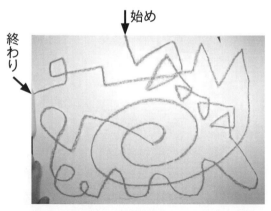

　コピー用紙で要領がつかめたら本番です。四つ切り画用紙に番号と名前を書いてから，練習と同じ方法で描きます。このとき，練習とは違った線でよいことを伝えましょう。

③どんな模様にしようかな

　一筆描きをした線を見て，どんな模様を描くか考えます。ここでも，教師がコピー用紙にいくつか例を描いて見せましょう。実際に見ることで，子どもたちは具体的なイメージをもって色や形を選ぶことができます。

　参考作品で，抽象的なものと何かに見えるものを用意することで，どちらでも自由な表現ができるようにします。

　白はバチック（はじき絵）ではとても効果的な色です。白を使っている子がいたらみんなに紹介し，いなければ教師が伝えると表現の幅が広がります。

④絵の具で色付け

　最後にたっぷりの水で薄めた絵の具で塗っていきます。パスをしっかり押さえて描いていると線が絵の具を弾いて，くっきりとした模様になります。色を変えるときは，鮮やかな色で描けるよう，筆をしっかり洗うことが大切です。絵の具は重ね塗りをしてもかまいませんが，パレットの中では混ぜないようにしましょう。重ねて塗ることで「ぽとぽといろいろ」で経験したように，新しい色ができることを思い出すことができるでしょう。

　完成したら，題名を付けた名札を貼って絵画乾燥棚に置きます。

⑤アシスタントで学び合い

　自分の片付けが終わると白帽になり，友達のアシスタントをします。時間がかかる子は，どの色が合うか考えて使ったり，丁寧に塗ったりしています。それを間近で見ながら真似るので，アシスタントをする子も慎重に塗ることになります。時間内に描き終えられるだけでなく，大切な学び合いの時間にもなるのです。

絵

## 題材 5 あきとあそんだよ
心に残ったことを描く

時間：2時間　　時期：11月

### 題材のねらい　思いのままに描く

　この題材は秋の遠足が終わったらすぐに取り組みましょう。時期をずらす場合は，秋の遠足ではなく，運動会でもペア活動でも何でもかまいません。とにかく印象が強いうちに描くことが大切です。

　「楽しかった」「面白かった」「びっくりした」「怖かった」など思いが強いほど，その気持ちが絵に表れます。1年生の今だからこそ描ける絵を心ゆくまで描いて残しましょう。

### 材料と道具

教師　遠足の写真や動画，八つ切り画用紙，無地新聞紙，絵画乾燥棚
児童　オイルパステル，ポケットティッシュ，絵の具セット

**指導のポイント　思い出を映像化する**

　強く思い出に残ったことを絵に表すという題材が、どの学年にも出てきます。1年生では、遠足など全員が同じように体験した場面を選ぶといいでしょう。そのとき撮った写真や動画で振り返ることで、感動がよみがえります。

　ここでは秋の遠足を扱います。生活科で「あきみつけ」をしたことや、落ち葉やどんぐり、小枝を使って「あきとあそんだよ」の造形遊びをした様子を写真や動画で撮影しておきます。子どもたちは大きなどんぐりにびっくりしたことや、赤や黄色の葉っぱを並べ、楽しく遊んだことなどを思い出し、そのときに戻ったような気持ちになります。

　はっきりとしたイメージができれば、その中から、自分が描きたいお気に入りの場面が見つかります。

　写真や動画はとても有効ですが、本物そっくりに描く必要はありません。見せるのは授業の初めだけにしましょう。子どもたちには「みなさんの心に浮かんだことが伝わる絵が見たいな」と語りかけましょう。

　描いているとき「これはどんな様子かな」と問いかけ、「なるほど、本当だね」と認めて褒めます。何を描いているかわからない絵でも、子どもたちの中にはそのときの感動とともに映像が浮かんでいるのです。

　どんな表現も受け入れることで、描く楽しさを味わわせてあげましょう。「楽しい」と感じれば、絵を描くことが大好きになります。進んで描くことで、思いを表すための技能も一緒に育っていきます。

**授業の実際　絵を描くのは楽しいな**

①遠足のときのことを振り返る

　遠足で一番心に残っていることを絵に描くことを伝えたら,「遠足でどんなことがありましたか？」と尋ねてみましょう。その後で「さあ写っているかな」と言いながら,写真や動画を見せます。子どもたちは遠足で見つけたことや遊んだことなどを,口々に話しながら目を輝かせて見ることでしょう。

②中心になるものを決める

　「描きたいものは決まったかな？　全員立ちましょう」と言って,決まった人から座っていきます。どんどん座っていきますが,なかなか決まらない子もいます。もう決まった子に,描きたい場面を発表してもらい,それを板書していくと,決めかねていた子も参考にすることができます。どうしても決まらない場合「先生が決めていいかな？」と言うと,面白いことに急いで自分で決めます。

③オイルパステルで線描きをする

　「一番真ん中に描きたいものは何？」と問いかけます。それが一番強く印象に残っているものです。それを灰色か黄土色で線描きしていきます。後からパスで色を重ねたときに目立ちにくく,自然と陰影の効果も出る便利な色です。色塗りは後にして,線描きでどんどん描き広げていきます。中心になるものの形がしっかり描けていれば,周囲の形はなんとなく描けていればいいです。その方が中心になるものが目立ちます。

　その後,色を塗っていきます。黒の上に重ね塗りすると汚れた感じになってしまうので,初めの輪郭線に黒は使いません。

### ④オイルパステルで色を塗る

　色は一番手前になっているものから塗っていきます。このとき，必要のない線は塗り潰します。色塗りが終わったら，さらに色を重ねていきます。特に中心になるものは端までしっかり塗り込んだり，違う色を重ねて立体感や質感を出したりします。最後に黒を使うと全体がしまります。塗り終わったら，ティッシュでパスの先に付いた汚れやカスをきれいに拭き取って箱の中にしまいます。

### ⑤絵の具で周りを塗る

　片付けができた子がみんなに絵の具セットを配ります。配り終えたら自分の絵の具セットを開けて机の上に並べ，水を入れます。このとき黒板に，机の上の配置図や水の入れ方の図を貼っておきましょう。

　パレットに自分の絵に合う絵の具を１色選んで，米１粒分位出して塗っていきます。絵の具は出しすぎると戻せません。慎重に少しだけ出す習慣をつけておくと，３年生で本格的な絵の具の学習をする頃には，必要な量の絵の具を出せるようになっています。

### ⑥終わったら

　終わった子から名札を取りに行き，題名と自分の名前を書きます。それを貼り付けて絵画乾燥棚に持って行きます。塗るのも片付けをするのも時間差ができるので，早く終わった子は白帽になりアシスタントをします。

　時間があれば今日の図工の時間にしたことを思い出し，頑張ったことや工夫したことを発表します。このとき「ずこうのことば」カードを黒板に貼っておき，その中のことばを使って発表すると，造形的な視点をもって話したり聞いたりできるようになります。

2章　いつでもにこにこ　楽しい図工授業の作り方　97

絵

## 題材 6 うつしてうつして
### 版で表す

時間：6時間　　時期：12月

 **題材のねらい　繰り返し写して描く**

子どもたちにとって，版で写すものに絵の具などをつけてペタペタと写し取る活動は，とても楽しいものです。同じ形を繰り返し使うというところが，パスや筆で描くのとは違う点です。繰り返し押しながら，並べ方を変えたり絵の具の色を変えたりして，工夫して描いていきます。写しながら考え，考えながら写すということを繰り返し，版で表す楽しさを味わえるようにしましょう。

 **材料と用具**

| | |
|---|---|
| 再利用 | 「ぽとぽといろいろ」の画用紙，「なにに みえるかな」の作品 |
| | ペットボトル，蓋，梱包材など |
| 教　師 | 片面段ボール，B4コピー用紙（裏紙），画用紙，無地新聞紙 |
| | スポンジスタンプ台（黄と赤，赤と青，青と黄） |
| | 共同絵の具（2倍希釈），版画絵の具，ポリ袋（12号程度） |
| | マスカーテープ（p.32），絵画乾燥棚 |
| | 版画ローラー，練り板，裏紙，画板，セロテープ |
| 児　童 | スモック，黒い靴下，版にできそうな物（右ページ参照） |
| | ウェットティッシュ，オイルパステル |

**指導のポイント　写して楽しい版を用意する**

　ここでのポイントは，写したときに面白い形だなと思える版を用意することです。子どもたちには「スタンプを作ろう」と言った方がわかりやすいです。

　第1次の初めに，片面段ボールや梱包材などを巻いたり包んだりしてセロテープで止め，スタンプを作りましょう。

　スタンプの用意ができたら，はがき大の紙に押してみます。形がそのまま写ることに子どもたちは目を輝かせます。予想とは違う面白い模様ができると大興奮です。

　ここで，押した形の並べ方や複数の形の組み合わせを工夫している子を見つけたら，みんなに紹介しましょう。1つ1つの形だけでなく，それを組み合わせた押し方の工夫へと発展します。

　第2次の四つ切り画用紙を使った写す活動では「なにに見えるかな」で作った作品を版にします。ローラーで黒いインキを付けて写すと，紙を重ねて貼った部分が思わぬ白黒の凹凸になって，まったく違った雰囲気に見えることは大発見です。しかも，同じ形をいくつも写すことができます。

　　　　　　　　　　　　　　　　　　スタンプの作り方はQR
　　　　　　　　　　　　　　　　　　コードをご覧ください

2章　いつでもにこにこ　楽しい図工授業の作り方

## 授業の実際　第1次（2時間）　絵はがきを作ろう

### ①スタンプを作ろう

　初めに片面段ボールや梱包材を使って，スタンプを作ります。そのまま使える物もありますが，平らな物は巻いたり折りたたんだりしてセロテープで止めます。

　絵の具を付けて押すと形が写ります。上下で色を変えて押すこともできます。

子どもによって大きさや巻き方，たたみ方が違います。いくつかをみんなに紹介すると，他の子どもたちも違う材料や方法でスタンプ作りに挑戦することができます。作るのが難しいときは，友達に持ってもらってセロテープを巻いたり，作り方を教え合ったりするとよいでしょう。

### ②押し方を工夫しよう

　「ぽとぽといろいろ」のときに使ったはがき大の紙に，スタンプを押していきます。試し押しのときはランダムに押していた子も「絵はがきを作ろう」と声をかけると，スタンプの並べ方や方向，色や組み合わせを考えて押すようになります。ここでも，面白い工夫をしている子の作品を紹介すると，みんなの表現の幅が広がります。何にしたらよいか迷う子には，まずは友達や教師の作品を参考にして押してみるよう声をかけましょう。押し始めると，楽しくなって自分なりの形ができていきます。

③何枚も作ろう

　はがき大の紙は4枚あるので，押し方を変えながらいろいろなものを描くことができます。慣れてくると，だんだん自分の描きたいものの形に押すことができるようになっていきます。

④パスで描き足そう

　パスなどで，細かい模様を描き足せばオリジナル絵はがきのでき上がりです。

　B4コピー用紙に4枚並べて絵画乾燥棚へ持って行きます。

⑤もっと写してみよう

　時間があれば余分の画用紙を使って自由に写しましょう。背景に色が付いていないので，スタンプそのままの色を楽しむことができます。こちらも，細かい模様はクレヨンで描き足します。

⑥片付けをする

　手作りスタンプ，スタンプ台，スモックは次週も使います。スタンプは名前ペンで番号，名前を書いたポリ袋に入れて，班ごとにまとめて集めましょう。スタンプ台は交互に重ねて棚の上などに置きます。机や手に付いた汚れはウェットティッシュで拭き取り，スモックは「うつしてうつして」の授業が終わったら持ち帰りましょう。

2章　いつでもにこにこ　楽しい図工授業の作り方　101

## 第2次（2時間×2週） 四つ切り画用紙に写そう

　自習できる授業と組み合わせると，教師と一緒にやってみることができます。2回目以降は子どもに任せます。作品が大きくて手順がたくさんあるので，ペアで刷り取ると，教え合いながら作業を進めることができます。

　教師が「初めてだから失敗するのは当たり前，2枚あるから大丈夫！」と，おおらかにかまえていれば，のびのびと楽しみながら版画ローラーの扱いや刷り取り方に慣れていきます。

### ①準備

　インキを付ける場所は3～4か所用意しておきます。子どもたちはスモックを着て，黒い靴下に履き替えます。右図のように真ん中にマスカーテープを敷いたスペースを作ります。各班に，前回使用したスタンプとスタンプ台，無地新聞，色の付いた四つ切画用紙を1枚，紙版として使う「なににみえるかな」の作品を持っていきます。

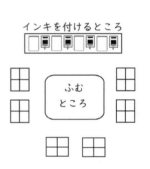

### ②版画の刷り方を知ろう

　版画の手順を，図とことばで示しながら説明をしましょう。教師の動きに合わせて，子どもも体を動かすと理解しやすくなります。QRコードの動画が視聴できる場合は活用してください。

(1) 版画インキを少し付ける。
(2) 練り板の上で一方通行でのばす。
(3) 敷き紙の上で，紙版に押し付けるようにゆっくりインキをつける。
(4) (2)と(3)を繰り返す。インキが足りなくなれば(1)に戻る。

(5) 版全体にまんべんなくインキが付くまで繰り返す。
(6) 画板の上に，画用紙の表を上にして置いておく。
(7) インキを付けた版を裏返して置き，その上にコピー用紙を乗せる。
(8) 真ん中のシートを敷いたスペースに移動する。
(9) 上靴を脱ぎ，版がずれないように気をつけながらしっかり踏む。
(10) 版をめくってコピー用紙の上に乗せる。
(11) 画用紙の空いているところに(1)〜(10)を繰り返す。

### ③1回目は教師と2回目からは自分で

　呼ばれたペアから，1人分の版と画用紙を用意して教師と一緒に刷ります。次に呼ばれたら，まだ刷っていない子が刷ります。
　全員刷れたら，2回目からはインキを付けるところに並んで，どんどん刷り取ります。周りには，前回作ったスタンプで模様を押したりパスで細かい模様を描き足したりします。

### ④2枚目の画用紙は，最初から自由に

　2枚目の画用紙は次週刷ります。今回でやり方はわかっているので，刷るのもスタンプもパスも全部子どもに任せ，見守りましょう。子どもが満足したら完成です。手をよく拭いて題名を書いた名札を貼ります。絵画乾燥棚に持っていき，白帽アシスタントになります。
　2時間たっぷり使えるので，みんな満足いくまで刷り取ったり，描いたりすることができます。

絵

## 題材 7 わたしのえほん
お話の絵を描く

時間：2〜4時間　時期：1・2月

 題材のねらい　物語の様子を伝える

　お話の絵を描く題材はどの学年にもありますが，イメージ作りが大変だったり，お話の挿絵に引きずられてしまったりすることが多いのではないでしょうか。

　そこで国語の「おはなしづくり」と関連付けて，国語で作った冊子の表紙を描くという題材に置き換えてみました。自分で作った話ですから，自分がもっているイメージがあります。そのイメージを絵で表すことで，より物語の内容や様子が伝わりやすくなります。

お話の絵はイメージ作りに時間がかかる……

 材料と用具

教師　アイデアスケッチ枠（B4），八つ切り画用紙
　　　OPP透明フィルム（約35cm×45cmに切る）
児童　オイルパステル，ポケットティッシュ，色鉛筆

　OPP透明フィルムは，花束などを作るときに使うラッピング用のフィルムです。A3のOPP袋を切ってもできます。

## 指導のポイント　お話メモを基に構想を練る

　通常の「お話の絵」を制作するときは,読み聞かせをしたり,自分の好きなお話を選んだりするところから始めますが,自分の作ったお話なら,すぐ制作にかかれます。

　国語の時間に使ったワークシートやお話しメモを基にすると,具体的なイメージをつかみやすくなります。

　メモには,場面や登場人物,結末など表紙のヒントになることが書かれています。子どもはそれを基にして,自分の中に思い浮かんでいるイメージを絵に描いていきます。それでも,いきなり画用紙に描くのはちょっと心配です。B4コピー用紙に右図のような枠を印刷してアイデアスケッチをしましょう。アイデアスケッチは鉛筆で描きます。まず配置がわかる程度にごく簡単に描きます。その後細かいところも考えて描き込みます。必要のない線は消しゴムで消しておきましょう。

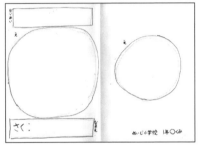

　構想がしっかり練れていれば,本番の八つ切り画用紙にも戸惑うことなく描き始めることができるでしょう。

　4時間扱いで実施するときは,場面ごとの挿絵も描き加えましょう。パスは色移りがするので,色鉛筆やカラーペンを使うといいです。

## 授業の実際　物語が絵本になるよ

### ①想像を膨らませる
　参考にするのは，自分の国語ノートです。「お話メモ」を基に誰がどんな場所で何をするのかを，頭の中で映像化できるようにしましょう。
　図書室から国語の本に載っている物語教材の絵本を借りてきて見せるのも効果的です。

### ②アイデアスケッチを描く
　アイデアスケッチを描く前に，学級文庫の中から縦書きの物語を何冊か選び，表紙を見せると，どんなふうに描いたらよいかがわかります。
　理解したところでB4コピー用紙に枠を印刷したものを配り，描いていきます。初めは配置を考えながら薄く，配置が決まれば描きたい形を濃く描いていきます。最後に必要のない線を消しゴムで消して完成です。

### ③八つ切り画用紙に描く
　アイデアスケッチがしっかり描けていれば，安心して八つ切り画用紙に描き始めることができます。まず，画用紙を半分に折ったら，「あきとあそんだよ」と同じように灰色か黄土色のパスを使って線描きをします。

### ④色を塗る
　ここでも，「あきとあそんだよ」の学習を生かし，線が重なっているところは手前になるところから塗っていきます。パスの片付け方も同じです。

⑤ 早く終わったら

　表紙の絵が早く完成した子は，国語で作った冊子の中にも挿絵を描きましょう。色移りせず，細かい線が描きやすい色鉛筆を使います。絵を描くスペースがあまりないときは，文章の周りをイラスト枠で囲っても，ぐっと引き立ちます。ワンポイント挿絵やイラスト枠の参考作品を用意しておくとよいでしょう。

⑥ OPPフィルムで包む

　全員，表紙の絵ができたら，OPPフィルムで包みます。フィルムの上に絵を裏返しに置いたら，上下左右はみ出たフィルムを内側に折り包み込むようにしてセロテープで貼ります。

　国語で作った冊子の外側に両面テープを貼り，表紙に挟み込むようにして貼れば絵本の完成です。詳しくはQRコードの動画を参考にしてください。

⑦ 交換して読み合う

　表紙に絵があると読むのがぐっと楽しくなります。フィルムで包んだので手に取っても汚れないし，本も傷みにくくなっています。気兼ねなく交換して読み合いましょう。

　教室の中に「わたしのえほんコーナー」を作ると，図工の時間だけでは手に取れなかった友達の絵本を休み時間などに読むことができます。

　中には自分からお話を作ったり表紙の絵を描いたりしてくる子もいます。それこそが育てたい子どもの姿です。しっかり称賛してみんなに紹介しましょう。

2章　いつでもにこにこ　楽しい図工授業の作り方

絵

## 題材 8　もうすぐはるだね
形や色を真似て

時間：２時間　　時期：２月

### 題材のねらい　よく見て描く

　２月末の題材です。まだまだ寒い時期ですが，少しずつ春の訪れを感じる季節でもあります。

　図鑑やタブレットで春の生き物を調べ，よく見て小さめの画用紙にどんどん描いていきましょう。

　細部までよく見て描くことで観察力が付き，本物の生き物たちに出会ったときに見分けることができるようになります。一度描いたことがあるというだけで親しみが湧き，自然が作り出す形や色，動きの面白さに興味をもつことでしょう。

 **材料と用具**

| | |
|---|---|
| 教師 | 画用紙…約13cm×13cm（八つ切り画用紙を１／６に切る）<br>紙テープ（掲示板の縦の長さに合わせて切っておく） |
| 児童 | オイルパステル，はさみ，液体のり，ポケットティッシュ<br>タブレット，図鑑 |

　画用紙は班に15枚位用意しておきます。図鑑は春の植物や虫が載っているものを，図書の時間に借りておくとよいでしょう。季節の図鑑を人数分揃えている学校もあるので，それを活用しましょう。

**指導のポイント　特徴を捉える**

　生き物は，種類によってそれぞれ特徴が決まっています。子どもたちは黄色くて丸い花を見ると，すぐに「タンポポ」と答えます。けれども調べてみると，タンポポだと思っていたものが違う植物だということに気がつきます。

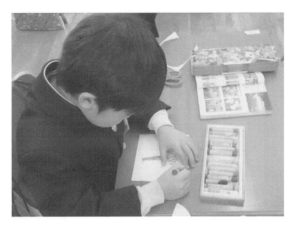

　ここでは，子どもたちがなんとなく見ている花や生き物を，図鑑やインターネットで調べ，その画像や絵をしっかり見てパスで描いていきます。

　一口に花と言っても様々な種類があり，花弁の形や色などが異なります。葉っぱの形も違っています。

　蝶の羽が4枚あること。昆虫の目が複眼になっていること。触覚，口の形がみんな違うこと。自然は面白い形や色であふれています。

　その生き物がもつ特徴に着目して描くと，絵を見ただけで何の生き物を描いたのかがわかります。

　よく観察して描いた花や生き物は，本物に出会ったときにすぐ気がつきます。近づいてよく見るようにもなります。

　よく観察して真似て描くことは，絵の上達だけでなく，描いたものへの理解や興味・関心を深めることにもつながるのです。

2章　いつでもにこにこ　楽しい図工授業の作り方　109

## 授業の実際　教室に春が来たよ

### ①4月の学校の様子を思い出す

4月の生活科「はるみつけ」で撮った写真を大型ディスプレイに映すことで、もうすぐ春がやってくることに気づかせましょう。子どもたちが名前を覚えている花や生き物があれば板書します。

### ②図鑑などで調べて描く

(1)　図鑑やタブレットで，春の花や生き物を調べる。
(2)　描くものを1つ決める。
(3)　図鑑などを見ながら，画用紙の真ん中に描く。
(4)　裏に自分の番号と名前，描いたものの名前を書く。
(5)　周りの白い部分を切り取る。
(6)　裏の真ん中に液体のりを付けて先生に渡す。
(7)　新しい画用紙に，(1)〜(6)を繰り返す。

表

裏

(3)は，これまでしてきたように，特徴がよく現れている部分から描きます。輪郭を描くには灰色か黄土色を使い，その後で色を塗ります。黒い部分は最後に描いて仕上げます。

(6)で子どもが持ってきた絵は，黒板に磁石で止めている紙テープに教師が貼っていきます。黒板には縦と横の列がわかるように番号を書いておきます。できあがると，春の花や生き物のカーテンのようになります。

時間が来たら，描いている途中のものを仕上げて終わりにします。1年生でオイルパステルを使うのはこれが最後の題材になります。ティッシュで丁寧に汚れを拭き取って片付けましょう。

③鑑賞会を開く

ずらっと並んだ作品を眺めて，見つけたよいところを「ずこうのことば」を使って発表します。

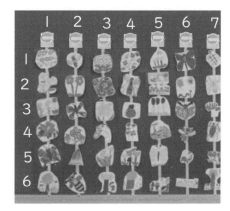

例1

絵を指さして「あのピンク色の花がきれいです」

1年生の発表内容としては幼いですが，進んでよいところを見つけようとしているし，「ピンク色」ということばが入っているので，「思考・判断・表現」にB評価を付けます。

「ピンク色」がなければ，「どこがきれいなの？」と尋ねます。

例2

「左から3列目上から2番目のパンジーは，紫と水色を混ぜて描いていて優しい感じが好きです」

算数の「何番目」の言い方を使い，その後は「ずこうのことば」を使って発表できています。何に見えるか，何色をどのように使っているのか，その結果どんな表現になっているかまで発表できているので，「思考・判断・表現」はA評価です。

このような発表の仕方を褒めると，他の子どもたちも今までの学習を生かして，自分なりの発表をどんどんするようになります。

④作品展示で華やかな環境作り

学年末で殺風景になりやすい教室の中も，春の花や生き物でいっぱいになり華やかな感じになります。また紙テープに貼り付けているので移動して貼り替えがしやすく，そのまま卒業をお祝いする廊下の壁面飾りにしたり，新1年生の教室飾りにしたりして使うことができます。

立体・工作

# 2次元からとびだせ！
# 立体・工作

 **実物こそ最大のお手本**

　図工では，年間半分以上の時間が，絵以外の造形遊びや立体工作にあてられています。バーチャルで何でも見られるようになった今こそ，実物に触れ，試しながら作ることで，本物の立体感覚を身につけることが大切です。

 **立体的な作品を作るには**

　まずは箱や容器等を手に取って，様々な角度から見たり触ったりすることから始めましょう。

　形をしっかり認識したところで組み合わせていきます。

　もともと立体ですから，接着方法さえ身につければ簡単に立体作品を作ることができます。

　ペラペラの紙から立体を作るには，折る，曲げる，丸めるなど，手を加えることが必要です。基本となる作り方を「わざ」として練習してから制作に取り組むと，立体感あふれる作品を作ることができます。

## セロテープ・両面テープは強い味方

　立体を扱うとき，のりで固定するのは難しいです。その点，セロテープは比較的使い慣れていて簡単にくっつきます。セロテープを使うと補修したように見えるのであまり使わないという風潮がありますが，1年生にとっては立体同士を組み合わせるハードルを下げることが大切です。気になるようなら，上から色紙などを貼れば隠れるし，飾りにもなります。

　両面テープを使えば，立体同士を簡単にくっつけることができます。慣れていない子が多いので，初めに使い方を練習する必要があります。テープを切ってはがき大の剥離紙に貼ったものを人数分用意しておくと一斉に作業を進めることができ，練習するにも制作するにも便利です。

　両方を組み合わせれば，立体工作はぐっと身近で楽しいものになります。

 ## 粘土制作には「はさみ」を使う

　粘土の塊からひねり出して足や手を作るのは，握力の弱い1年生にはなかなか大変です。ひねり出すのではなく，はさみで大きく切り込みを入れてから形を整えると簡単に立たせることができます。はさみを使うと髪の毛やトゲトゲなどの細かい細工もできます。粘土を切ると切れ味が落ちるので，粘土専用のはさみをケースに入れておくとよいでしょう。

 ## 展示方法も立体的に

　広い場所がないと，立体作品は展示できないと思っていませんか？　お花紙工作などの軽いものは直接画鋲で壁面に固定できます。また，紐を使って上から吊るすなど，空間をうまく利用すると場所を取りません。

2章　いつでもにこにこ　楽しい図工授業の作り方　113

## 立体・工作

### 題材 1　へんてこいきもの
箱の変身

時間：4時間　　時期：5月

### 題材のねらい　箱から未知の生き物を発想する

箱や容器をつなぎ合わせ，自分だけの生き物をつくる題材です。この題材には2つのねらいがあります。

1つ目のねらいは「自由に発想を広げる楽しさ」を知ってもらうことです。箱を使ってできるのであれば，四足歩行でもいいし，首が八つあってもいい。現実には存在しない，へんてこな生き物。できそうだと思って作り始めると，どんどんイメージが膨らんで手が止まらなくなります。

もう1つのねらいは「適切な接着方法を選んで使う力」を養うことです。立体同士をくっつけるのは案外難しく，紙と紙を貼り合わせるのとは要領が違います。セロテープだけでは不十分でしょう。ここでは両面テープという新しい道具に挑戦してもらいます。

再利用　箱や容器　「つんでならべて」で使ったもの，色画用紙（切れ端）
教　師　カラーペン，セロテープ，両面テープ（詳細はQRコード参照）
児　童　はさみ，液体のり，折り紙や包装紙があれば持って来る。

両面テープは剥離紙に貼って人数分用意しておくと便利です。

## 指導のポイント① 発想の種を作る

題材のねらいである「自由な発想」をうまく促すことが指導のポイントとなります。

そこで活用したいのが「つんでならべて」で撮っておいた写真です。生き物っぽい写真を大型ディスプレイに映して，みんなで何に

見えるか考えてみましょう。「これは目に見える」「ここに首をくっつけたらどうかな？」など，次々にアイデアの種を出してくれます。子どもたちから出て来ないときは，教師が写真を指さして「あっ，これ足っぽいね」と口火を切れば，後はどんどん発想が広がります。

こうした下準備をしておくことで，具体的なイメージをもって制作に取りかかることができます。

## 指導のポイント② 立体のくっつけ方を指導する

箱や容器の多くは，表面がつるつるしていて，液体のりや木工用ボンドで貼り付けることができません。そこで活躍するのが両面テープです。

1年生にはなじみが薄い道具なので初めにみんなで使ってみましょう。接着面にテープを貼り，剥離紙をはがして押し付けるとくっつく。それだけのことですが子どもたちは大はしゃぎ。グラグラする場合には，周りをセロテープで補強します。セロテープが見えても上から飾りの色紙などを貼るので大丈夫です。両面テープとセロテープを組み合わせるとしっかりくっつくことを知った子どもたちは，どんどん思い描く形を作ることができるのです。

2章 いつでもにこにこ 楽しい図工授業の作り方 115

## 授業の実際　第1次（2時間）　箱と箱をつないだら

### ①作りたい生き物のイメージをつかむ

　今日は「へんてこいきもの」を作ることを知らせ「生き物に見えるものはないかな」と「つんでならべて」で撮った写真を見せます。出てきた意見を板書していくことで，作りたい生き物のイメージがもちやすくなります。

### ②イメージに合う箱や容器を選ぶ

　右図のように中央にスペースを広く空け，箱や容器を置きます。自分の班にセロテープ，カラーペン，両面テープを持って行き，用意ができたら，容器や箱を袋から出して，取りやすいように広げます。

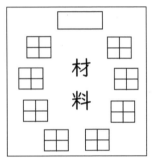

　広げた材料の中から自分のイメージする生き物に使えそうなものを選びます。後から取り替えたり，足りない材料を取りに行ったりできることを伝えると，あまり悩まず材料を選ぶことができます。

### ③両面テープの使い方を練習する

　くっつけるのが難しそうな材料を2つ選び，両面テープの使い方を練習します。

　まず，両面テープを切り取りくっつけたい材料の片方に貼ります。剥離紙をはがしてからもう片方に押し付けます。これでもう手を離しても落ちません。初めて使う1年生には驚きのできごとです。グラグラするときはセロテープを上から貼って補強します。

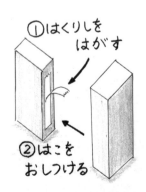

116

④材料を組み合わせる

　材料のくっつけ方がわかったら，両面テープとセロテープを使い，どんどん形を作っていきます。足りない材料があれば材料置き場に取りに行き，余った材料は返します。

　1年生は初めての両面テープが使いたくて，必要のないところにも使ってしまいます。「セロテープだけで，もうこんなにできたそうです」と作業の早い子の作品を紹介すると，周りの子どもたちも，できるだけセロテープを使うようになります。

⑤自分ができあがったら

　生き物ができたら，道具を片付けてゴミを捨てます。作品に油性ペンで番号と名前を書き，タブレットで撮影しておきます。

　作品は机の上に置いたまま，白帽になりアシスタントをします。

⑥片付けをする

　班の全員ができあがったらセロテープなどを片付けます。その後で残っている材料の片付けをします。たためる箱はたたみ，たためない箱は大きい箱の中に小さい箱を入れ子にします。紙コップなどは重ねて，できるだけコンパクトにして，材料箱の中に収めます。箱に入っているものを大きく書いて保管しておくと，再利用しやすくなります。

⑦次回の予告をする

　色画用紙などを使って飾り付けた参考作品を見せて，次回の予告をします。家に折り紙や包装紙などがあれば持って来るよう伝えます。私は「学校でいるから買って！」とねだらないよう念を押していました。

2章　いつでもにこにこ　楽しい図工授業の作り方　117

## 第2次（2時間） 飾り付けをする

⑧飾り付けの準備をする

　班の真ん中にセロテープ，カラーペン，両面テープ，画用紙の切れ端を置きます。自分の机の上には，箱などを組み合わせて作った「へんてこいきもの」と，はさみ，液体のり，自分が持って来た材料を置きます。

⑨飾り付けの技を知る

　箱や容器はツルツルしていて，のりで画用紙などを貼ることはできません。初めに大きめの紙を，両面テープやセロテープを使って貼ります。

　貼った紙の上にはのりで紙を貼ることができます。折って切ると，同じ形の模様がいくつも

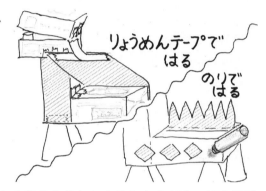

できることや，折って立たせると立体的な飾りになることなどを，図と簡単な説明で知らせます。

　両面テープで紙を貼りセロテープが見えないようにすると，できあがりがきれいになることを伝えましょう。

⑩飾り付けをする

　土台の箱などを覆う紙を決め，セロテープや両面テープを使ってどんどん貼っていきます。その上から細かい飾りをのりで貼ります。さらに，カラーペンで模様を描いてもいいし，画用紙に模様を描いてから切り取って貼ってもいいです。自分で工夫しながら，どんどん飾り付けていきます。面白い工夫をしている子を見つけたら，みんなに紹介しましょう。

⑪完成したら
　自分の作品ができあがったら，切りくずなどを捨て，のりやはさみなどを道具箱にしまいます。自分の作った生き物に名前を付けて作品名札に書き，セロテープで貼ります。完成した作品はタブレットで撮影して机の上に置いておきます。その後は，白帽になってアシスタントをします。

⑫鑑賞会をしよう
　班のみんなができたら鑑賞会をします。友達同士見せ合ってよいところを見つけ，「ずこうのことば」を使って伝え合います。作品を交換して，手に取って見るのもいいです。
　班の観賞会が終わったら，他の班が鑑賞会をしているところを静かに見に行きます。
　全員終わって時間があれば，みんなで作品のよさを共有する時間を取りましょう。

⑬作品の生かし方
　ピロティのような広い場所がある場合は，テープなどで場所を区切って「へんてこいきものランド」として展示をすると，他の組や学年の人に見てもらうことができ，子どもたちも喜びます。
　広い場所がない場合は，透明な袋に入れるか紐をかけ，壁に押しピンなどで落ちないようにしっかり止めて展示します。
　飾った後も，夏休みの工作の宿題に活用しましょう。この生き物をメインにして土台を付けたり，他の工作を付け足したりして仕上げます。1年生らしくて秋の作品展にふさわしい，素晴らしい作品になることでしょう。

2章　いつでもにこにこ　楽しい図工授業の作り方

立体・工作

## 題材 2 おってたたせて
### 折るだけで2次元脱出

時間：2時間　　時期：7月

 題材のねらい　平面から立体へ

いつもは絵を描くペラペラの画用紙ですが，折ることで立ち上がります。折り方はいろいろありますが，ここでは基本の1回だけ折る方法を使いましょう。
　折ったら一部を切り取って何に見えるかを考え，そこにオイルパステルで絵を描いたり，切り取った画用紙を貼り付けたりして模様を付けていきます。

 材料と用具

教　師　画用紙，色画用紙，のり付け紙（裏紙），B4コピー用紙
児　童　色鉛筆，オイルパステル，ポケットティッシュ，はさみ，のり

　画用紙や色画用紙は，はがきぐらいの大きさに切っておきます。1人5枚ぐらいは使えるように，多めに用意しておきます。
　B4コピー用紙は，作品を保管するのに使います。右図のようにのりで貼り，出席番号を書くところまで用意しておくと，時間短縮ができます。

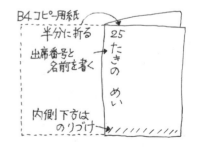

## 指導のポイント　折り方はシンプルに

　この題材は，平面から立体を作り出す，初めの一歩です。

　1枚の紙からいきなり箱のような形や筒のような形を作るのは1年生にはハードルが高すぎます。仕組みがなかなか理解できないと，すぐにやる気を失ってしまいます。そこで今回は，紙を1回だけ折ります。これなら1年生でも簡単にできます。「これで紙が立ち上がるかな？」と問いかけると，子どもたちの方から立たせ方が何種類か出てきます。ここで，ペラペラだった紙が立ち上がったことを「まっすぐ立ったね」など，しっかり褒めましょう。

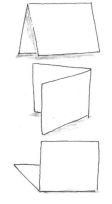

　紙を半分に折ったときの立たせ方は3種類。右の図のようになります。子どもから3つとも出てくる場合もありますが，出なければ教師が見せましょう。

　制作に入ったら，立たせてみてから何にしようかを考えてもいいし，切り取った形が何に見えるかを考えて作ってもかまいません。なかなかアイデアが浮かばない子は参考作品や友達の作品を真似るところから始めます。やり方がわかり面白くなってくると，自分だけの作品を作るようになります。

　とても簡単な方法なのでいくつも作ることができます。繰り返し作ることで，いろいろな立たせ方をしたり，切り取り方を変えて形の面白さを見つけたりすることができます。画用紙の色を変えたり，パスで模様を描いたり，切り取った画用紙を使って模様を貼ってもいいです。2つ3つと組み合わせることもできます。シンプルな折り方だからこそ，様々なアイデアが活かせます。さらに違う立たせ方をしている子がいたらそれも認めます。簡単にできそうなら，みんなに紹介するとよいでしょう。1枚の紙から作り出す楽しみをしっかり味わっておくと，工作の時間を楽しみにするようになります。

## 授業の実際　どんなふうに立たせようかな

①折って切って描いてみよう

　白い画用紙を半分に折り机の上に置くだけで，ペラペラの紙が立つようになります。どんな立たせ方があるか，子どもたちに聞いて黒板に図を描いておきましょう。

　立つようになったら，その一部をはさみで切り取ってみます。切り取った形を生かし，パスや色鉛筆で模様を描き加えます。「おうちができたよ」「うさぎさんになったよ」「魚が泳いでいるよ」など，どのアイデアも「こんなに変身するんだね」と認めて褒めましょう。できあがったら，内側の目立たないところに番号と名前を書きます。

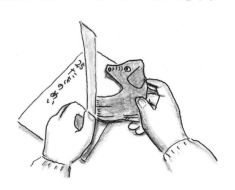

　コピー用紙で作った紙ファイルを渡し，番号の下に自分の名前を書いてから作品をたたんで入れておきます。

②色画用紙も使ってどんどん作ろう

　時間いっぱいいくつ作ってもかまいません。色画用紙でも同じようにできます。画用紙の色を変えるだけでぐっと雰囲気が変わります。また，切り取った切れ端ものりで貼り付けて模様などに使うことができます。

　できあがったものから番号と名前を書いて紙ファイルに挟みます。

　1つの作品にじっくり取り組む子もいれば，次々と作り方を変えて作る子もいるでしょう。できばえや数の多さではなく，作ることを楽しむ様子をしっかり褒めます。

　基本の1回折る方法ではなく，何回か折って筒のような形にしたり，端を折り曲げてしっかり立つようにしたりと，折り方を工夫する子も出てくるか

もしれません。そういう子は「知識・技能」だけでなく「主体的に学習に取り組む態度」もA評価です。クラスのみんなに取り入れられそうなら「こんな折り方もあるよ」と紹介すれば，みんなの表現の幅も広がります。

### ③協力して片付けをしよう

　時間が来たら片付けをします。残った画用紙を色ごとに分けて片付けます。切れ端も名刺位の大きさより大きければ捨てずに取っておきます。

　細かい切りくずは床にも落ちています。自分から必要な仕事を見つけて，進んで片付けている子を褒めると，みんなも自分から動けるようになります。

### ④鑑賞会をしよう

　紙ファイルから作品を取り出し，名前を確かめながら机の上に立たせます。それを班の友達と見せ合いましょう。黒板に「ずこうのことば」カードを貼っておくと，よいところを造形的な視点から伝え合うことができます。時間があれば他の班の作品も見に行きましょう。

### ⑤作品を活用しよう

　作品は夏休み前に「へんてこいきもの」と一緒に持ち帰り，両方を組み合わせて宿題の工作を作ります。じっくり手を加えることで，ぐっとバージョンアップし，秋の作品展にも飾れる，立派な作品になります。

　「おってたたせて」で作った作品はのりしろがありません。液体のりを盛り上がるようにたっぷりとつけて乾くまで待つとしっかりくっつきます。

　2つを組み合わせて作ることや接着方法をイラスト付きのプリントなどでお家の人にも伝えましょう。

2章　いつでもにこにこ　楽しい図工授業の作り方　123

## 立体・工作

題材 3 **カラフルパーティー**
お花紙で作ろう

時間：4時間　　時期：9・10月

### 題材のねらい　柔らかい風合いを生かす

　ここでは主な材料としてカラフルなお花紙を使います。子どもたちは，鮮やかな色合いと柔らかい手触り，美味しそうな参考作品にワクワクが止まりません。
　お花紙で丸めた紙の芯材を包んだり，透明カップに入れたりして立体作品を作るのですが，力を入れすぎると潰れたり破れたりしてしまいます。子どもたちは，手全体を使って優しく扱う経験はあまりしていません。初めは練習が必要ですが，要領がわかるとボリューム感が出て「次は何を作ろうか」と夢中になって作ります。

### 材料と用具

再利用　蓋付きプラコップ,「つんでならべて」で使ったもの
教　師　お花紙，バガス紙皿，無地新聞紙，カラーペン
　　　　セロテープ，両面テープ
児　童　はさみ，液体のり

　お花紙は色数が多いと表現の幅が広がるので，10色以上は用意したいものです。五色鶴のお花紙は21色あります。（QRコード参照）
　バガス紙皿はサトウキビの絞りかすを原料とした紙皿で，液体のりで作品を貼り付けることができます。環境にも優しい素材です。

## 指導のポイント　技を生かして作る

　薄くてきれいな色でふわふわの質感が特徴のお花紙ですが，上手に扱うにはちょっとしたテクニックが必要です。そこで，1年生にもわかりやすいように，4つの技を考えてみました。

　1つ目の「くしゃくしゃわざ」は，お花紙の風合いを損なわないように丸める技です。

　2つ目の「びりびりわざ」は，お花紙を手で破ります。薄くてはさみでは切りにくいお花紙ですが，手で簡単に破ることができます。

　3つ目は「まきまきわざ」です。この技を使えば，ふんわりした卵焼きもできます。

　4つ目の「つつみわざ」は，芯材にお花紙を巻き付けてボリュームを出す技です。他の技で作ったものをのりで貼る土台としても使えます。力を入れすぎたり，のりをつけすぎたりすると，ふんわり感がなくなってしまうお花紙工作には，なくてはならない技です。

　ちょっとした技を知ることで，子どもたちの戸惑いがなくなり，仕上がりに，ぐっとボリューム感が出ます。

　練習で作った物も，作品の一部に使えるので無駄がありません。

　まずはお花紙の質感を十分味わい，それを活かした使い方の基礎を身につけてから制作に入るようにしましょう。

2章　いつでもにこにこ　楽しい図工授業の作り方　125

## 授業の実際　第1次　お花紙で作ってみよう

①お花紙の取り出し方

　お花紙は，袋のままクリアケースなどに入れて授業が始まるまでに並べておきます。子どもたちに頼むと喜んで手伝ってくれます。

　初めにお花紙を取ってくる練習をします。お花紙は1枚だけ取り，自分の席に持ち帰ります。もし間違って2枚以上取れた場合は，余分なお花紙を袋の中ではなくケースに入れておきます。次にそのお花紙を使う子は袋から出ているものがあれば，それを使います。

②技の練習をする

　1つ目は「くしゃくしゃわざ」です。お花紙を手で包み，優しく丸めます。力を入れすぎると小さく縮んでふわふわ感がなくなってしまいます。そうなっても優しく延ばせば，まだまだ使えます。一度くしゃくしゃにしたお花紙はきれいに伸ばしましょう。

くしゃくしゃわざ

　2つ目は「びりびりわざ」です。お花紙を横長に持つと破りやすいです。真中で裂いたら半分はとっておき，今度は90度回転させて破ります。先ほどより破れにくく，破ったところがギザギザになります。

びりびりわざ

　3つ目は「まきまきわざ」です。半分をとっておいたお花紙の上に，破いた紙を置き，つぶさないように優しく巻きます。最後は水のりを軽くつけて貼ります。紙を縦長に置くと太く，横長に置くと細く巻きあがります。好きな方でやってみます。

まきまきわざ

　4つ目は「つつみわざ」です。芯材をお花紙で包む技です。無地新聞の切れ端を丸め，2枚重ねにしたお

つつみわざ

花紙で巻いていきます。巻いたところを手に持って，両端を手前に捻るとキャンディー包みができます。作りたい物に合わせて，大きさを変えたり，はみ出た両端の部分にのりを付けて折り込んだりします。

　それぞれの技を活かした簡単な作品例を黒板に貼っておくと，作りたいものをイメージしやすくなります。

③プラコップを使ってドリンクを作ってみよう

　練習した技を活かし，プラコップと自分で選んだ色のお花紙を使って作品を作ります。プラコップの中に入れるのはお花紙2〜3枚。ふんわり入れて蓋をします。蓋の上にトッピングを乗せていきます。

　トッピングは，練習で作ったものでも新たに作ったものでもかまいません。蓋に貼るときは両面テープを使います。それ以外は液体のりで貼れます。カラーペンで模様を描いたり，自分で考えた方法を試したりして，自由に工夫しながら作ります。できあがったら題名を付けて名札を貼ります。

④自分たちで片付け

　白帽になり片付けをします。切れ端は捨てずに切れ端入れに，作りかけのものや使わなかったものは材料ボックスに入れます。授業の終了10分前になったら，まだ作っている子がいてもお花紙が入っているクリアケースを片付けます。次週は，子どもたちが自分から片付けができるよう，お花紙の片付け方やしまう場所を教えます。

⑤次週の予告をする

　次はごちそうを作ってお皿に盛り付けることを知らせます。「作りたい食べ物を考えておいてね」と伝えると，ほとんどの子が考えてきます。

2章　いつでもにこにこ　楽しい図工授業の作り方　127

## 第2次　ごちそうを作ってパーティーをしよう

### ①どんどん作ろう

　どんなごちそうを作りたいか聞いてみましょう。お寿司，ハンバーガー，オムライス，お子様ランチ。どんな技を使って何から作るか決めます。

　制作に必要なことは前の時間に学習しているので，それを活かしてどんどん作っていきます。途中で作りたいものが変わってもかまいません。作ったものは紙皿にのせていきますが，まだ紙皿には貼りません。「盛り付けは最後ね」と伝えましょう。

### ②細かい指示は一旦止めて1つずつ

　必要なことを伝えるときは「聞いてください（3・2・1）」で，聞く態勢をつくります。

　「お花紙が少しだけ必要なときは切れ端ボックスから取ります」「欲しい色のお花紙がないときは新しいお花紙を取ります」「材料ボックスの中のものは自由に使っていいです」「使わなかったものは，材料ボックスに入れましょう」などは，子どもたちの進み具合を見ながら，必要なときに1つずつ伝えます。それ以外にも，紹介したいことや指示することができるたびに1つずつ伝えましょう。

### ③ボリュームを出す

　食べ物を作り終わったら盛り付けです。そのまま貼り付けたものと，土台を作った上に貼り付けたものを見せましょう。明らかに土台を作ったものの方がふっくらとボリュームがあり，美味しそうです。

　「つつみわざ」で作った土台を紙皿に

128

貼り，その上に盛り付けをするように貼り付けていきます。例を示しながら，レタスを敷いたり，カップを作って入れたりすると見栄えよく盛り付けられることにも気づかせます。

④ 完成したら

　完成したら，題名を付けて名札を貼ります。タブレットで撮影をします。説明を入れながら動画で撮るのもいい方法です。

　その後，白帽になりアシスタントをして，班の友達を手伝います。

　班のみんなができたら，ドリンクも並べて「カラフルパーティー」を開きましょう。

　美味しそうに見えるところを「ずこうのことば」を使って紹介したり，見つけて感想を言ったりします。

　自分の班が終わったら，他の班へ行って手伝いをしたり，「カラフルパーティー」の様子を静かに見学したりします。

⑤ 展示方法・活用方法

　お花紙工作はとても軽いので，乾いたら画鋲で壁面に飾ることができます。

　スペースがあれば，ドリンクやパフェも透明なフィルムを使い，中が見えるようにして飾りましょう。

　色画用紙にパスで模様を描いたランチョンマットの上に貼れば，立体作品として秋の文化祭などに出品するのにぴったりの作品になります。

2章　いつでもにこにこ　楽しい図工授業の作り方　129

立体・工作

## たねのマラカス
音から生まれる色や形

時間：2時間　　時期：10月

### 題材のねらい　音のイメージを色や形に

　ここでは生活科と関連付けて，朝顔の種のマラカスを作ります。プラコップに朝顔の種を入れて飾り付けるだけの簡単なマラカスです。
　作り方を簡単にすることで，音に注目してイメージ化することに重点を置くことができます。耳を澄まし，音から生まれるイメージを色や形として飾り付けに生かし，自分だけのマラカス作りを楽しみます。

### 材料と用具

再利用　プラコップ2個
　　　　1個は蓋付き（朝顔の種入り）
　　　　色画用紙の切れ端
教　師　お花紙，セロテープ
　　　　両面テープ，カラーペン
児　童　油性ペン，はさみ，液体のり

　プラコップ1個には，生活科の時間に朝顔の種を入れて蓋をしておきます。朝顔の種がない場合は，ホウセンカやオシロイバナの種，手芸用のビーズやペレットでもできます。
　色画用紙の切れ端は「おってたたせて」で切ったものを再利用します。ない場合は，折り紙などでもかまいません。

**指導のポイント 音をことばにする**

　子どもたちは音が出るものを手にすると, とにかく鳴らし始めます。イメージをもたせるために大切なことは, まず音のない状態を作ることです。

　静かになったら, 何人かの子どもにコップを振ってもらいます。そしてどんな音がするかをことばにします。このときはオノマトペを使います。例えば「シャカシャカ」「サラサラ」「チャチャチャ」といった感じです。

　それから自分のコップを鳴らすと, 自分がいったいどんな音を出しているのか, 耳を澄ませるようになります。

　今度は, その中で自分が一番気に入った音に名前を付けます。例えば「水やりの音」「波の音」などです。名前を付けることでイメージがぐっと具体的になります。

　ここで「どんな場面？」「色は？」「形は？」と問いかければ, 音のもつイメージが造形的なイメージへとつながり, スムーズに制作へと入って行くことができるでしょう。

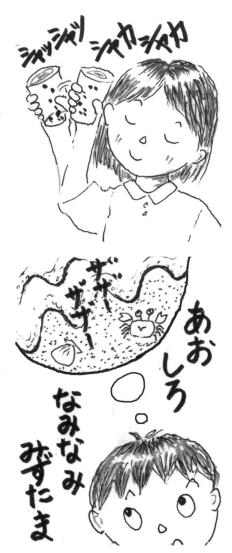

## 授業の実際　見える音の色や形

### ①イメージをもつ

　種が入ったプラコップを配ったら「聞いてください。(3・2・1)コップを机の上に置きましょう」と静かな状態を作ります。そこで「今日はマラカスを作ります」と知らせ，参考作品をいくつか見せましょう。めあてがわかったら，自分のコップの音を聞きます。子どもから出てきたイメージやそこから感じる色や形を板書しておくことで，まだ十分イメージできていない子の参考になります。

### ②準備をする

(1) 教室の前に見本と色画用紙の切れ端，後ろの棚にお花紙を並べておく。
(2) 机を移動して4人班にする。(教室配置図144ページ)
(3) セロテープ，両面テープ，カラーペンを班の真ん中に置く。
(4) 人数分のプラコップを配る。
(5) 道具箱から，油性ペン，はさみ，のりを出す。
(6) イメージに合う色のお花紙を2枚選ぶ。(一方通行)

### ③作り方の手順

動画で手順を確かめるとともに，黒板に手順がわかる図を貼ります。

### ④マラカスの制作

　手順に従ってマラカスを作っていきます。作りながら音を確かめ，そこからまたイメージを広げて作ります。模様に使う色画用紙やお花紙は，その都度取りに行きます。

　困ったときは，まず班の友達で教え合い，教師に聞きたいときには赤帽をかぶって知らせます。終わった子から白帽になり，アシスタントをします。班の友達が全員終わったら，使ったものを元に戻して片付けをします。

### ⑤班で音の発表会

　順番に1人ずつ発表します。題名と色や模様の説明をしてから音を出すと，題名と音のイメージがつながります。発表の様子は友達同士タブレットで撮影できるように，使い方の練習をしておきましょう。

### ⑥いい音見つけ

　班の発表が終わったら机を元に戻します。マラカスは机の上に置いて音を出さないようにします。

　他の班が発表している様子を見に行き，友達の素敵な音や飾り付けなどを見つけましょう。最後に全体で発表する場を作ります。

2章　いつでもにこにこ　楽しい図工授業の作り方

立体・工作

## 題材 5 ちょきちょきねんど
はさみを使って粘土を立たせる

時間：2時間　　時期：11月

### 題材のねらい　はさみを使って立体的に

　ここでは塊にした油粘土から手や足などを作り，立体的な作品を作ります。通常，手や足など大きなパーツは手で捻り出して作ります。しかし，大きな粘土の塊から捻り出すのは，握力の弱い1年生には難しく，やる気をなくしてしまいがちです。

　そこで今回は，はさみを粘土細工の道具として使います。塊を作った後，大きく切り込みを入れてから形を整えると，簡単に立たせることができます。また，はさみは細かい作業をするのにも便利です。

　はさみの扱いに慣れてくると，今までにない立体的で精緻な作品を作ることができます。

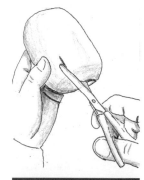

### 材料と用具

教師　はさみを使った技の画像と掲示物，スプレー洗剤
児童　油粘土，粘土板（工作マット），はさみ，粘土ベラ

　はさみは粘土細工に使うと切れ味が落ちるので，紙用とは別のはさみを用意します。幼稚園や保育所で使っていたものを粘土用にして，いつも粘土箱に入れておくとよいでしょう。

134

**指導のポイント　粘土をしっかり練る**

　1年生の粘土遊びの様子を見ていると，小さくて平面的な作品を作っていることが多いです。型押しがついている粘土板の場合，押しつけてクッキー作りのようにして遊ぶ姿をよく見かけます。

　入学するときに，型押しのない工作マットを購入しておくことをお勧めします。

　立体的な作品を作るには，まず粘土で大きな塊を作る必要があります。このときしっかり練っていないと割れやすくなります。普段からよく粘土遊びをしている子の粘土は柔らかく塊になりやすいのですが，あまり使っていない粘土は固くなっています。まずは細かくちぎり，伸ばしたりくっつけたりしながら柔らかく練り上げて行きましょう。それから粘土板に打ちつけるようにして大きな塊を作ります。

　しっかり練っていると，はさみで切り分けたとき，割れにくくなります。もし途中で割れてしまっても何度でも練り直すことができるのが粘土のいいところです。滑らかになるまでしっかり粘土を練り上げそれから整形します。

　大まかな形ができたら，手や足の向きを考えながら変形させると，立体感があるだけでなくダイナミックな動きのある作品を作ることができます。

　表面を滑らかにしてから，はさみの先で細かく切ったり，粘土ベラで模様を入れたりします。

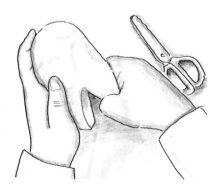

2章　いつでもにこにこ　楽しい図工授業の作り方　135

## 授業の実際　粘土が動き出しそう

### ①粘土を練る

　まず，粘土を練るところから始めます。粘土を小さくちぎり，1つずつ丸めたり伸ばしたりして柔らかくしていきます。柔らかくなってきたら，ひとまとめにします。それを粘土板に叩きつけるようにして，大きな塊にしたら今度は転がして丸くしていきましょう。途中でちぎれるのは粘土が十分柔らかくなっていない証拠です。また最初から同じ作業を繰り返します。

### ②切り込みを入れて立たせる

　足にしたい部分にはさみで大きく切り込みを入れ，開いたり曲げたりして立たせてみましょう。うまく立たない場合は塊を作るところからもう一度やり直します。思うように立ったら形を整えていきます。

### ③動きを付ける

　歩いている様子や手を上げ下げしている様子を，手で粘土の形を整えながら動きを付けていきます。このとき，必要のない部分ははさみで切り取りましょう。切り取った粘土は細工用に使います。

　小さな割れは粘土ベラで直せますが，大きく割れてしまったら，また練るところから始めます。粘土は何度でもやり直しができます。2時間続きの2時間目が始まるまでに大体の形ができていればいいので，あせる必要はありません。

### ④細かい細工をする

　大まかな形ができたら，切り取った粘土でパーツを作ったり，はさみで細

かい切り込みを入れたり，粘土ベラを使ったりして，思い描く形にしていきます。小さいパーツは後から付けてもほとんど取れることはありません。細かい模様を付けたけれど気に入らないときは，もう一度粘土ベラで平らにしてやり直すことができます。

⑤**できあがったら**

　自分で完成だと思ったら，名札に自分の名前と題名を書きます。それを作品の足元に置き，タブレットで撮影します。1つの方向からだけでなく，方向を変えて2～3枚撮ります。

　作品は，名札と一緒に粘土箱に移します。粘土板を拭いて机の中にしまい，手を洗って白帽になります。2度拭きのいらない洗剤を用意しておくと，粘土版のベタつきがさっぱりと取れます。

　残った時間で自分の作品を自由帳にスケッチします。「本当はこんな色だ」という色も塗るといいです。見てほしいポイントをことばで書き込むなど，作品について自由に表現することを勧めましょう。

⑥**鑑賞会をする**

　ほとんどの子ができあがったら，作品を持って友達のところへ行き，見せ合う時間を取りましょう。見つけたよさは「ずこうのことば」を使って伝え合います。自由帳に描いた絵や説明も一緒に見せると，制作意図がより伝わりやすくなります。

　完成していない子は赤帽になり，教師が関わることで全員が時間内に作り終えることができるようにします。作品をみんなに見せて，最後まで頑張って作ったことを褒めれば，作品とじっくり向き合うよさが周りの子どもたちに伝わることでしょう。

立体・工作

## 題材 6 ぴょこぴょこうごくよ
曲がるストローを使って

時間：4時間　　時期：1月

###  題材のねらい　仕組みを理解して作る

　曲がるストローを何本かセロテープでつなぎ，箱などの穴から先を出すと，おもしろい動きをするようになります。この簡単な動く仕組みを理解してから作りたいものを考えます。
　作りながら動かし，動きを見てさらに工夫を加えることで，作る楽しさを味わうことができます。
　また，作ったおもちゃを友達と見せ合ったり交換して遊んだりすることで，同じ仕組みでも様々な活かし方があるという楽しい驚きをもつことでしょう。

###  材料と用具

再利用　牛乳パック，色画用紙の切れ端，絵の具の模様がある画用紙
教　師　曲がるストロー，割り箸，両面テープ，セロテープ，カラーペン
　　　　業務用丸シール　直径約25mm　約500枚セット，色画用紙，画用紙
児　童　色鉛筆，はさみ，液体のり，油性ペン

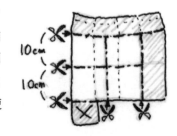

　牛乳パックは図のように切っておきます。曲がるストローは1人6本，割り箸は1膳ずつ用意します。絵の具の模様がある画用紙は「ぽとぽといろいろ」でできた，はがき大のものを使います。QRコードをご覧ください。

**指導のポイント　大型ディスプレイで説明**

　右の図に示しているのが基本の仕組みです。仕組み自体は穴から出ている腕が上下するだけの簡単なものです。

　制作にあたり，1年生にとって難しいところは次の4点です。

(1)　ストロー3本を固定する。
(2)　ストローを出す穴を開ける。
(3)　長すぎるストローを切る。
(4)　ストローの先に画用紙を貼る。

　どれも経験がないと失敗したり，けがにつながったりします。そこで，1回目は全員同じ人形作りをします。

　全員同じ作り方なので，画像を見せて1つ1つのポイントを確認しながら作ることができます。上記の4点も一度経験すれば，次からはそれほど迷うことなく作ることができます。

　この人形は体験入学に来る小さい子へのプレゼントにします。そうすれば，行事のための準備負担を軽減しつつ仕組みを理解することができます。

　仕組みを十分理解することで，自分の作りたいもののイメージを具体的にもつことができます。人形作りができたら，次の時間に取り組む参考作品を見せ，仕組みをそのまま使ったり，ちょっとアレンジしたりすることを伝えましょう。

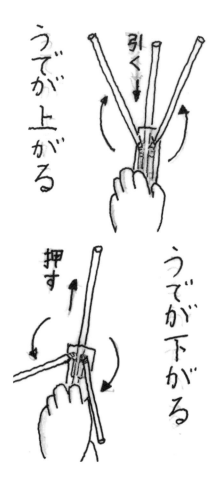

2章　いつでもにこにこ　楽しい図工授業の作り方　139

## 授業の実際　ぴょこぴょこ人形作り

　まず，参考作品を見せて，子どもたちの興味を引き，体験入学の小さい子どもたちに喜んでもらおうという目標を立てます。

　準備の前に作っている動画を早送りで見せておくと，作り方の流れをイメージして制作に入ることができます。制作に入ったら，1つずつ手順をしっかり押さえながら進めていきましょう。

### ①準備

　4人班を作り，その中央にセロテープカッターと両面テープをおきます。割り箸は1人1本，ストローは3本ずつ配ります，模様の付いたはがき大の画用紙は1人1枚です。画用紙でなくても折り紙や千代紙でもできます。

### ②ストロー3本と割り箸を固定する

　曲がるストローの蛇腹を伸ばしたら，そのうちの1本に割り箸を挿します。細い方から挿すと途中で止まります。残りの2本のうちの1本を，割り箸を挿したストローにセロテープで貼ります。そこにもう1本を貼ります。動かないように根元と，蛇腹の下の2か所をぐるっと巻きます。3本一気に巻こうとすると，たいてい失敗します。2本でも難しいときは先にセロテープを切っておいたり，班の友達に助けてもらったりしましょう。

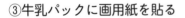

### ③牛乳パックに画用紙を貼る

　牛乳パックの縦の折り目に平行になるよう，両端に両面テープを貼り，画用紙の裏に貼り付けます。画用紙の端が余るので，牛乳パックのすぐ横に両面テープを貼り，残りは切り落とします。

④組み立てる

　牛乳パックを折り曲げ，人形の肩に当たる部分に三角に切り込みを入れます。ここがストローを出す穴になります。目打ちなどを使わないので安全に穴を開けることができます。

　割り箸を挿していないストローを，穴に挿して出します。それから，画用紙に貼った両面テープをはがして貼ると三角柱になります。最後に割り箸を引っ張って，一番引っ込んだ状態で4〜5cm残してストローを切り落とします。

⑤頭と手を付ける

　ストローの先を丸シール2枚で挟むように貼ります。その上から，両面テープを貼っておき，手と頭のパーツを貼る準備をしておきます。これで，せっかく貼った手や頭が簡単に取れてしまうのを防ぐことができます。

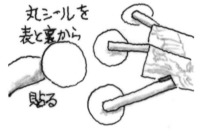

　画用紙に色鉛筆で手や頭の絵を描きます。このとき2枚同じ大きさのものを作ってシールを貼った部分を挟み込むように貼り付けます。番号と名前を別の紙に書き，後で取り外せるよう持ち手にセロテープで貼り付けます。

⑥しっかり遊びしっかり復習

　使ったものを全部片付けたら「小さい子どもたちが動かしても大丈夫かな？」と声をかけ，人形を動かしてしっかり遊ぶ時間をとりましょう。あげてしまうのが寂しい子も，次回自分の作品を作ることを予告すれば，喜んでプレゼントする気持ちになれます。

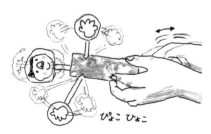

2章　いつでもにこにこ　楽しい図工授業の作り方　141

## 第2次　ぴょこぴょこおもちゃ作り

　前回に作った人形と同じ仕組みを使ったり，穴やストローの位置を少し変えたりして作った参考作品を見せます。あまり凝ったものでなく，仕組みの活かし方に目が行くシンプルなものがよいでしょう。

### ①準備

　準備は前回とほぼ同じです。今回は模様の付いたはがき大の画用紙ではなく，子どもたちがイメージに合わせて絵を描いたり，切り取って貼ったりできる白い画用紙や色画用紙などを用意します。

### ②何を作ろうかな

　まず，右の3種類の中からどの仕組みにするか決めます。そして，その動きに合うものを考えます。アイデアが浮かびにくい子は，前回同様人形にして，服装や髪型を工夫してもよいことを伝えると安心して作りたい人形をイメージすることができます。

① にんぎょうと おなじ

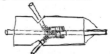
② おなじほうに 2ほん

③ 1ぽん だけでもよい

### ③協力して仕組みを作ろう

　人形作りは1度しかしていないので，忘れていることもたくさんあります。人形作りで使った図版を黒板に貼っておくと，作るときの参考になります。それでもわからないときや，作りにくいときは班の友達に声をかけ，教えてもらったり手伝ってもらったりしましょう。
　隣の友達の手が止まっていたら，声をかけたり教師に知らせたりすることも大切です。誰でも苦手なことがあるものです。日頃から，助け合うことが自然とできる雰囲気作りに努めましょう。

④パーツを作る

　仕組みができたら，頭や手足などのパーツを作ります。パーツの付け方は人形のときと同じです。ここでも，先に絵を描いておくことや裏にも絵を描いて挟み込むことを忘れている子が出てきます。そんなときは仕組み作りのときのように助け合うよう声をかけましょう。

　作るものが１人１人違うので，教え合うことができないときは赤帽をかぶります。赤帽の子どものところへは教師が行って相談に乗りましょう。

⑤飾り付けをする

　パーツをつけたら，動かしながらもっと工夫できないかを考えます。カラーペンで模様を描き加えたり，色画用紙を切って曲げたり折ったりして立体的に貼ったりと，よりかわいく，かっこよく，迫力いっぱいに見える飾りを付け足していきます。

　素敵な飾り付けをしていたらみんなの手を止め，見る時間を作りましょう。自分の作品に活かせそうな工夫を見つけられるかもしれません。

⑥発表をする

　終わったら題名を書いた名札を付け，机の上に置きます。使った道具を片付け，ゴミを捨てます。班の友達全員が作り終わったら，いつものように順番に作品について発表をします。その後で交換して，互いによいところを見つけながら一緒に遊びましょう。

　みんなが終わったら，机を元に戻し，見つけた友達の作品のよいところを，発表します。実物投影機があれば，大型ディスプレイに映して動かしているところを見せることもできます。実物を示しながら「ずこうのことば」を使って色や形などのよさを説明できていたら，その成長ぶりを褒めましょう。

2章　いつでもにこにこ　楽しい図工授業の作り方　143

# いつでもダウンロード
# 黒板提示資料集
——ずこうのことば　教室配置——

「聞く」プラス「見る」

　詳しく説明するより，簡単な図を示すだけで伝わりやすくなることがよくあります。できるだけ簡単に伝えたい１年生には特に効果的です。
　ここにある図や絵はダウンロードすることができるので，見やすい大きさにプリントアウトしてください。厚紙に貼るかラミネートして裏に磁石を付けておくと，さっと提示できて便利です。

年中使える教室配置図

　本書には直接的に描かれていませんが，図工の時間はもちろん様々な場面で活躍します。黒板に貼るだけで，子どもたちが必要な場所に移動してくれるようになります。30人学級を想定していますので，クラスの人数に合わせてお使いください。

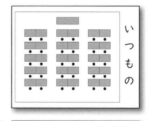
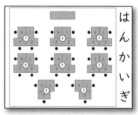
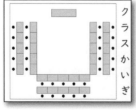
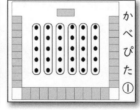
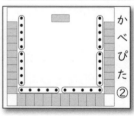

## 一方通行の導線

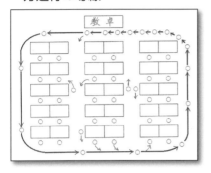

## 「ずこうのことば」カード

「ずこうのことば」で みよう はなそう かんがえよう

**どんな** いろ　　　　かたち　　　　おおきさ
　　　　 あお・あか…　まる・しかく…　○○ぐらいの

**ようす** きれい　かわいい　かっこいい　…
　　　　 ～みたい　～っぽい　～のよう　…

**かんじ** たのしそう　うれしそう　つよそう　かなしそう
　　　　 おそろしそう　…

## つんでならべて

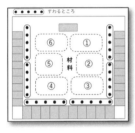

## ぽとぽといろいろ

## えのぐとなかよし・なかよしポスター　準備と使い方

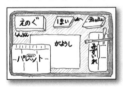

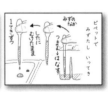

## 片付け方

シャツの作り方

四つ切り画用紙のときの準備

うつしてうつして

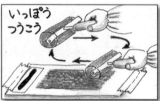

つんでならべて

カラフルパーティー

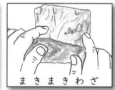

くしゃくしゃ わざ　　びりびり わざ　　まきまき わざ　　つつみ わざ

くしゃくしゃ わざ　　びりびり わざ　　まきまき わざ　　つつみ わざ

## たねのマラカス

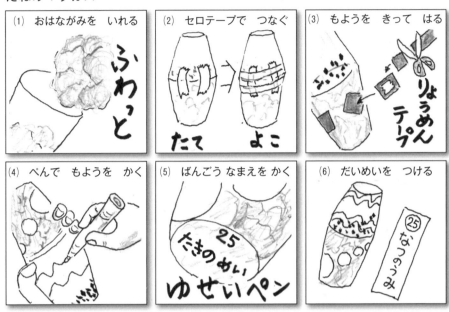

## ぴょこぴょこうごくよ

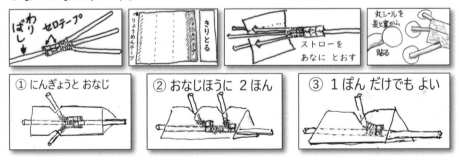

資料は，右の QR コードより無料でダウンロードできます
ユーザー名：114114
パスワード：zuko

いつでもダウンロード黒板提示資料集　147

## おわりに

　秋晴れの日曜日，私はこの本の原稿を書く手を休め，市の教育文化祭作品展に出かけました。幼児から中学生までの作品群を目の前にすると，その成長のめざましさを実感します。小学校1年生の作品からは，楽しんで描いたり作ったりしている様子が目に浮かんできて，「私が伝えたいのは，こういうことなんだ」と勇気付けられました。

　会場を出るとすぐ前に丸亀城があります。私はそのお堀端にある小学校と高校に通いました。中学校から大学までバレーボールに明け暮れ，高校教員養成課程（特別理科）なのに，気づいたら小学校の先生になっていました。
　何に出会い，何者になるか，誰も知りません。

　そんなことを考えながら，帰り道，城下町の旧街道に面した建物を訪れました。母方の祖父米澤哲吉が建てた登録有形文化財の元病院です。外観は洋風なのに木造建築。看板建築と呼ばれます。
　祖父は，徳島から讃岐広島に来て塩飽大工の棟梁の下で修業し，大阪の夜間学校で西洋建築を学びました。私の工作好きは祖父譲りなのかもしれません。
　あるいは，生け花の中川幸夫や洋画家の猪熊弦一郎とも親交が深かった，父方の写真印刷工場で働く父母の姿を見ながら育ったからでしょうか。

　物心がついたときには，裁ち落としの紙の山から好きなものを引っ張り出しては工作三昧の毎日でした。ただ楽しくて夢中でやっていたことが，今の私につながっていると思います。だから，私は子どもたちの「楽しい・やりたい」を何よりも大切にしたいのです。

図工は，乳幼児期の遊びから始まっています。「楽しそう・描いてみたい・作ってみたい」が，できることを飛躍的に増大させます。そうして得た達成感がさらなる原動力となり，ぐるぐると螺旋状に成長していくのではないでしょうか。

　私は子どもたちや先生にもっとわかりやすく伝えたいという思いから，YouTube 動画を発信してきました。今は小学校で実際に授業やお手伝をさせていただき，現場で学んだことを活かしバージョンアップしています。
　初めてオファーをいただいた書籍は，私のコンセプトにぴったりで「楽しそう・やってみたい」のスイッチが入りました。途中で挫けそうになったこともありますが，春日浩美先生をはじめ周りからたくさんの応援をいただき，なんとか形にすることができました。「こんな本がほしかった」と1ページでもお役に立てることがあれば，嬉しいです。

　私を見つけてくださり，素晴らしい機会を与えてくださった明治図書出版の茅野現様をはじめ教育部門編集部の皆様には，心から感謝しております。末尾ながら，この場をお借りしてお礼申し上げます。

【著者紹介】
雁木　君江（がんぎ　きみえ）
香川県公立小学校元教員
主に1年生の学級担任や低学年を担当
香川県小学校研究会図工部会ワークショップリーダー
香川幼年美術の会，全国幼年美術の会ワークショップ講師
香川県教職員連盟アドバイザーティーチャー
現在は，YouTuber　kimie gangiとして，小学校で役立つ図工や掲示等の動画を配信している

図工科授業サポートBOOKS
小学1年担任のための図工指導

| 2025年5月初版第1刷刊 | Ⓒ著　者 | 雁　木　君　江 |
|---|---|---|
| | 発行者 | 藤　原　光　政 |
| | 発行所 | 明治図書出版株式会社 |

http://www.meijitosho.co.jp
（企画）茅野　現　（校正）高梨　修
〒114-0023　東京都北区滝野川7-46-1
振替00160-5-151318　電話03(5907)6702
ご注文窓口　電話03(5907)6668

＊検印省略　　　組版所　中　央　美　版

本書の無断コピーは，著作権・出版権にふれます。ご注意ください。

Printed in Japan　　　ISBN978-4-18-114114-1
もれなくクーポンがもらえる！読者アンケートはこちらから→

最新にして最強シリーズ誕生

## 圧倒的な情報量とわかりやすい解説

- ●年間スケジュール・新年度準備など、すぐに知りたい情報を掲載
- ●当番活動から通知表作成まで、学級経営の外せないポイントを網羅
- ●学級開きや休み時間に盛り上がるレク・あそびを豊富に紹介

# 小学 1〜6年
# 学級経営ペディア
## TEACHER'S ENCYCLOPEDIA
### OF CLASSROOM MANAGEMENT

『授業力&学級経営力』編集部【編】

各学年
B5判・184頁
2500円+税

図書番号
5241〜5246

明治図書　携帯・スマートフォンからは　明治図書ONLINEへ　書籍の検索、注文ができます。▶▶▶

http://www.meijitosho.co.jp　＊併記4桁の図書番号（英数字）でHP、携帯での検索・注文が簡単に行えます。

〒114-0023　東京都北区滝野川7-46-1　ご注文窓口　TEL 03-5907-6668　FAX 050-3156-2790